BEYOND CONTEXT

l'architecture de l'atelier arcau

introduction et conversation par frédéric paul
essai par rodolphe el-khoury
édité par oscar riera ojeda

OSCAR RIERA OJEDA
PUBLISHERS

“Il n’y a que le temps qui puisse fixer le prix de chaque chose, le public commence toujours par être ébloui.”

Avec Voltaire, l’atelier arcau donne du prix à cette exigence de pérennité de l’œuvre.

sommaire

l'atelier arcau, entre contexte et concept

par frédéric paul

1.Golfe du Morbihan

À une autre époque, l'acronyme ARCAU se déclinait en « Agence-Recherche-Contemporaine-Architecture-Urbanisme »... C'était quand l'architecture se rêvait peut-être conceptuelle et technologique, mais était conçue à la main. Aujourd'hui, c'est l'inverse, Arcau se revendique atelier, l'architecture est assistée par l'informatique et, avant d'advenir sur la place publique, elle doit se montrer conceptuelle, mais, au fond, elle se rêve un crayon à la main. Xavier Fraud a connu ces deux époques, lui qui a rejoint l'agence en 1981 et qui est l'un des deux associés principaux de l'atelier. Il vient d'ailleurs de se procurer un « crayon » dont il est très content : roller d'un côté, pinceau de l'autre.

Comment se rêvait ou se concevait l'urbanisme au tournant des années soixante-dix et quatre-vingt ? D'abord, à cette époque les études d'urbanisme étaient essentiellement réservées aux grandes villes et à la construction de quartiers nouveaux. L'urbanisme se rêvait peu, il se concevait, en particulier ses spécialistes, comme de plus en plus indépendant de l'architecture et des architectes. L'émancipation de la profession s'observe avec la terminologie légale française. L'aménagement s'envisage encore selon un « plan d'occupation des sols » (POS) jusqu'en 2000, où ce dernier prend valeur de « plan local d'urbanisme » (PLU). Au-delà de la reconnaissance d'une profession, ce nouvel habillage sémantique est dynamique, le vocable précédent était statique. La ville se met à bouger, c'est plutôt une bonne nouvelle. Mais, j'y reviens, comment rêve-t-on l'urbanisme aujourd'hui ? À cette question, Julien Veyron, qui rejoint Arcau en 2005 et en est aujourd'hui le deuxième associé principal répond comme pour l'architecture : en « grattant ». Argotiquement, « gratter » et « dessiner », cela revient au même, à la nuance près qu'en grattant, l'urbaniste doit calmer les démangeaisons et rechercher des traces qui vont servir à l'architecte. De fait, il n'est pas question pour Fraud, Veyron et leur équipe d'émanciper l'urbanisme de l'architecture ni l'inverse. Les deux activités sont inséparables.

L'histoire suit un cours souvent imprévisible. Parfois elle revient sur ses pas. Sur un point au moins, celle d'Arcau semble se répéter : Fraud avait neuf ans de moins que son premier associé, Yvon Cornichet, quand il commence son activité et Veyron a vingt de moins que Fraud. La différence d'âge est sensible lorsqu'on les voit ensemble pour la première fois, puis elle s'efface. C'est aussi l'effet de l'histoire. Pendant ses quinze premières années d'exercice, Arcau se taille une réputation de sérieux avec un carnet de commandes essentiellement local. À la fin des années quatre-vingt-dix, l'histoire de l'atelier s'accélère. En 2004, l'atelier est lauréat du Prix national grand public de l'architecture pour des logements collectifs. En 2008, Veyron est nominé pour le Prix de la première œuvre par l'incontournable revue Le Moniteur pour une usine. On ne compte plus les sélections de l'atelier Arcau au Prix Architecture Bretagne qu'il obtient en 2012. Année où, trois de ses projets sont présélectionnés dans diverses catégories du World Architecture Festival, à Singapour, l'un obtenant la distinction internationale. Réaction spontanée de Veyron, ce bâtiment, le siège de la Communauté de communes de Pornic, « n'est pas exceptionnel ». Or en se retournant sur les dix dernières années d'activités de l'atelier Arcau, sa production a largement dépassé le niveau « honorable ». Le cadet du duo d'architectes dirigeants a donc raison. Même s'il décroche encore peu de temps après une distinction nationale, le bâtiment déjà primé à Singapour « n'est pas exceptionnel » par rapport aux autres opérations conduites pendant cette période. La seconde récompense, le prix Architecture et Maîtres d'Ouvrage (AMO) spécial G.r.D.F. salue d'ailleurs des performances écologiques qui avaient déjà valu en 2008 une mention à une autre commande au cahier des charges très similaire, le siège de la Communauté d'agglomérations du Pays de Vannes.

Arcau aurait pu ensuite grossir le rang des architectes spécialisés dans la problématique du développement durable, mais l'ayant intégrée durablement, [i] la sensibi-

/ frédéric paul après avoir dirigé le FRAC Limousin et le Domaine de Kerguéhennec, Frédéric Paul, docteur en histoire de l'art, est aujourd'hui auteur indépendant. Il a récemment publié des essais sur Beatriz Milhazes (Electa), Giuseppe Penone (RMN), Guy de Cointet (Flammarion), Jochen Lempert (König Verlag), Robert Barry (Cahiers du Musée national d'art moderne)...

lité environnementale de Fraud et Veyron se manifeste d'abord par une profonde affection pour le cadre dans lequel s'élabore leur architecture. « Au bord du Golfe du Morbihan, [1] l'atelier Arcau puise dans son attachement à la Bretagne une partie des forces de sa liberté créatrice. » On peut lire ce credo en introduction du site Internet maison. C'est lisse, c'est simple et c'est si bien tourné que ça ressemble à un slogan publicitaire. Arcau peut construire partout, mais pas de n'importe où. Il manque encore une église, une gare, un aéroport, une tour et un stade olympique à son catalogue, mais le duo a déjà prouvé qu'il savait s'adapter à des situations complexes. Il a prouvé combien, après un temps d'acclimatation nécessaire, il est toujours sensible aux données des contextes dans lesquels il est appelé à intervenir. Ce serait presque sa marque de fabrique, si celle-ci était visible, mais cette caractéristique vient en amont de toute visibilité. Il n'en ressort pas pour autant une architecture caméléon, chaque fois teintée des particularités locales. L'architecture de l'atelier Arcau n'est pas versatile, mais elle n'est pas non plus sur une ligne dure dont se dégage un style identifiable au premier coup d'œil, comme le reconnaît Fraud, pour qui ce souci semble secondaire.

Alors, l'architecture d'Arcau, qui ne s'est pas encore exprimée au-delà d'un rayon de 300 km autour de Vannes, est-elle au moins assimilable à un « régionalisme critique », pour reprendre la thèse de l'historien de l'architecture Kenneth Frampton ? Pour celui-ci « Le terme de "régionalisme critique" ne désigne pas [...] la tradition constructive vernaculaire, [...] mais plutôt les "écoles" régionales qui s'attachent avant tout à représenter et à servir les territoires limités dans lesquels elles sont ancrées. Pour qu'advienne un tel régionalisme, un minimum de prospérité et un consensus d'opposition au centralisme — l'aspiration du moins à une indépendance culturelle, économique et politique — doivent exister. [ii] » Le terreau de la Bretagne, région fière de sa riche identité historique et culturelle, et où se mélangent assez souvent folklorisme et pulsions indépendantistes, y eut prédisposé. On a vu que les patrons de l'atelier Arcau revendiquent leur appartenance à ce terreau. Mais se sont-ils jamais opposés au centralisme ? Et quel centralisme, aujourd'hui où le travail de l'atelier obtient une reconnaissance internationale et tend à exercer ses compétences à l'extérieur ? Quel centralisme auparavant ? Le style néo-breton qui s'est imposé jusque dans les années soixante-dix, quatre-vingt dans la région et qui continue de sévir dans le logement pavillonnaire ne méritait-il pas une réaction musclée ? Peu de régions se sont pliées, comme la Bretagne, à la normalisation et à la falsification de son paysage. [iii] Et si, sans doute, les réalisations des années quatre-vingt et quatre-vingt-dix de l'atelier sont encore marquées par la référence régionale, à travers notamment l'utilisation de matériaux typiques comme l'ardoise, la commande publique lui a permis de prendre une distance nécessaire, et ses programmes de lotissements venant plus tard rompent radicalement en proscrivant les toits en pentes et en décentrant les maisons sur leurs parcelles afin de souligner le tracé des rues comme au Clos du château, [2] 1999-2004, à Vannes. « L'ardoise, dit Veyron, nous ne cherchons pas particulièrement à l'éviter [aujourd'hui], mais nous veillons simplement à préserver notre liberté de création. Or, la couverture en ardoise induit une forte pente de toit qui contraint terriblement les intentions architecturales, bien d'avantage par exemple qu'une toiture en zinc ou même en tuile. Dans le cas de Terraqué à Carnac, c'est le règlement urbain qui nous l'a imposée. [iv] » À quelques pas du Clos du château, Xavier Fraud avait déjà construit en 1988, un groupe de maisons individuelles pour lequel il invoque en murmurant une influence [v] de Frank Lloyd Wright qui ne se résume peut-être qu'à l'usage de la pierre et de la brique, du plein cintre et à l'impression que ces maisons confortables sont tapies sur leur terrain, presque surbaissées, or ces éléments de vocabulaire ou cette influence s'opposent aussi à la langue de bois néo-bretonne. Fraud, qui a beaucoup voyagé, n'est jamais allé à Oak Park, en banlieue chic de Chicago, mais la

2. Clos du Château (Vannes)

3. Code Barre (Vannes)

4. Maison Beloti (Arradon)

seule référence au grand architecte américain marque son ambition d'en découdre avec les mauvaises habitudes et le pastiche régionaliste. Le contexte appelle considération, il appelle aussi réaction. C'est le respecter que de tâcher à le faire évoluer et de dévier des faux semblant dont il a pu s'imprégner par conformisme.

Quand Adolf Loos déclare : « Devant Dieu, il n'y a pas de bons ou de mauvais architectes. Près de son trône, tous les architectes sont égaux. [vi] », il pense à l'architecture vernaculaire, c'est-à-dire à l'architecture sans... architecte !
Et c'est sans doute pourquoi il est ici par exception si consensuel, lui dont les véhémentes et pénétrantes chroniques ne manifestent que détestation ou admiration, colère ou engagement. Cette architecture vernaculaire, que Frampton définit fort bien comme « le produit spontané de l'interaction du climat, de la culture, du mythe et de l'artisanat [vii] », Loos la cite en effet pour mieux pourfendre les conservateurs et parmi eux d'abord les artistes et les architectes régionaux. Et pour cela, il prend l'exemple d'un lac de montagne sur les rivages duquel ont été ici construits sans architecte des maisons, des fermes et une chapelle idylliques et là, une villa nouvelle dont il ne tarde pas à se demander si elle est « l'œuvre d'un bon ou d'un mauvais architecte ? » Loos fut, avec Freud, Schönberg, Wittgenstein et quelques autres, de ceux qui firent de la Vienne du début de XXe siècle l'un des foyers les plus extraordinaires de la modernité. S'il prend pour cible cette malheureuse villa, ce n'est pas pour prôner la reproduction d'un modèle canonique, mais pour mettre en garde contre la nouveauté factice. Sur quoi il pose une question que d'autres avant lui se sont déjà posée et que l'on n'aura jamais fini de démêler : comment juger de l'architecture ? Et selon quel point de vue ? Celui des architectes ? Celui des historiens de l'architecture ? Celui des usagers ? Mais alors qui est l'usager ? Celui ou celle qui habite ou qui travaille dans le bâtiment considéré ? Et tous ceux qui passent devant lui n'en sont-ils pas des usagers ? Et lorsqu'un bâtiment n'existe qu'à l'état de projet, quel en est l'usager ? L'avis de son non-usager a-t-il moins d'importance ? Une grande partie de l'architecture la plus audacieuse n'est pas construite. Cela lui enlève-t-elle de la valeur ?

À ces considérations théoriques, les architectes d'Arcau répondent au coup par coup. Même si l'affirmation d'un style leur paraît suspecte, ils ne peuvent faire l'économie des apparences. En partant du plus simple au plus compliqué, un immeuble d'habitation n'est pas seulement une solution collective au problème du logement, c'est un point de repère à partir duquel la ville se lit et se vit différemment ; de même l'usine, c'est un endroit où l'on entre, où l'on travaille, d'où l'on sort et devant lequel on peut passer en sachant ou non ce que d'autres y fabriquent, or même cette forme la plus discrète d'appréhension fait partie de la fonction. Même quand la fonction principale demeure inconnue, un bâtiment a une fonction pour celui qui l'ignore. Tout le monde, et tant mieux, ne travaille pas dans la plus grande des usines. Ceux qui n'y entreront jamais, mais passent devant régulièrement ou seulement occasionnellement sont aussi concernés.

Pour l'atelier Arcau, l'architecture ne se met pas seulement d'abord et par nécessité au service de la fonction première, elle ne s'y soumet pas simplement, elle la valorise. Et pour ça, sans ostentation et avec respect pour les données du site, elle doit donc se montrer. Or, s'il est difficile de dégager un style des productions de l'atelier, c'est certainement parce que ses bâtiments sont sobres. La sobriété n'est toutefois pas l'abstinence. L'absence de style est un manque. Si elle ne suffit pas à le définir, la sobriété fait donc certainement partie du style. On est ici ni dans le minimalisme hérité de Mies van der Rohe ni dans le maximalisme ambiant. D'ailleurs, ni l'un ni l'autre n'eut vraisemblablement trouvé sa clientèle dans le périmètre régional où s'est exprimé l'atelier Arcau jusque récemment. Enfin, les avatars du minimalisme montrent bien qu'il n'y a pas de limite à la maxime Less is more. Les cisterciens avaient déjà poussé très loin le dépouillement. Après Mies, faire encore moins, c'est presque obligatoirement céder à l'affectation. Et, par opposition, les partisans du maximalisme ne finissent pas d'en rajouter. Face à certains bâtiments de Gehry, on est comme devant les décors du cabinet du docteur Caligari, de Robert Wiene, de 1919, la couleur en plus.

Le geste formel le plus caractérisé d'Arcau a été posé en 2011 avec l'immeuble Steel Band, siège de l'atelier à Vannes. Il est trop tôt pour en mesurer l'impact à l'échelle locale. Le siège de l'atelier a forcément aussi une fonction d'enseigne. Et si valoriser est le maître mot d'Arcau, se valoriser soi-même s'inscrivait nécessairement dans le cahier des charges de ce bâtiment. Être voyant n'est pas le souci majeur, mais pour être visible de loin, il faut l'être un peu plus que d'habitude. Bâti dans une zone artisanale et commerciale de grand passage, le double bâtiment (en un élément de deux étages et un autre de cinq niveaux) est discret en entrée de ville et il ne se laisse pas oublier dans l'autre sens, avant d'aborder la campagne. Les deux façades principales du bâtiment de cinq étages pourraient être celles de deux immeubles différents : l'une en béton, massive, presque sans ouverture, sur laquelle vient s'accrocher un escalier extérieur qui en donne la proportion ; l'autre en acier Corten et verre, si aérée au contraire que, montée sur pilotis, elle donne l'impression d'une passerelle couverte. Structure d'un côté et abri léger de l'autre côté. La face massive est fixe. L'autre semble bouger, voire frétiller. Les transparences, les reflets, les moirures et les irisations qui apparaissent de ce côté à mesure qu'on s'approche marquent la limite entre l'intérieur et l'extérieur. L'impression de légèreté est encore plus forte à l'intérieur malgré la densité obtenue par des plateaux assez bas, jamais strictement identiques, comme la façade métallique le laisse déjà deviner. L'atelier Arcau signe là un projet facile à vivre et à taille humaine, formellement presque à l'opposé de l'immeuble Code Barre, [3] 2004, où, non loin de là, il avait élu domicile auparavant : un beau bâtiment à porche décentré, monolithique et sévère, calé entre deux flancs de béton formant pignons, au nom inspiré par son revêtement fait de bandes verticales de zinc et surtout par l'étroitesse de ses ouvertures distribuées quasi aléatoirement dans une trame on ne peut plus régulière — ce souci d'assouplir une géométrie rigoureuse pourrait bien être une marque de fabrique de l'atelier.

S'il se montre assez audacieux avec sa clientèle, un architecte n'a de compte à rendre qu'à lui-même quand il construit sa propre maison. Et si, pour le programme de Steel Band, l'atelier dut composer avec les autres partenaires qui, réunis, permirent cette opération d'autopromotion, il faut aller voir les impressionnants porte-à-faux de la Maison Beloti, [4] 2013, pour constater jusqu'où peut aller l'architecte quand il œuvre pour lui-même. Dans l'immeuble Steel Band, sur la porte du bureau de Julien Veyron était encore récemment scotchée la photo d'un pavillon comme il s'en construisit des centaines au plus fort de la vague néo-bretonne. Sur cette image, une pancarte accrochée à la façade signalait que cette maison on ne peut plus ordinaire venait d'être vendue. Premier geste radical, véritable attentat à la convention régionale : la démolition. C'est à son emplacement que s'élève ou plutôt se contorsionne aujourd'hui la Maison Beloti pour épouser un terrain âprement accidenté qui de l'accès rue à l'arrière descend en pente sévère vers les berges de la rivière du Vincin, à Arradon, en offrant, de ses trois étages, trois points de vue sur le paysage : au-dessus de la canopée, au milieu des arbres et plongeant vers les rives envasées au rythme des marées. À ces trois étages s'ajoute un toit terrasse traité en jardin d'eau et offrant encore un autre point de vue dans une trouée des arbres. Dès la façade rue, un premier porte-à-faux permettant de dégager un accès latéral vers la pente et servant d'auvent au-dessus de la porte d'entrée signale le principe constructif : un empilement de longs tubes débordant les uns des autres comme, pour le Centre Pompidou Metz, l'architecte japonais Shigeru Ban [5] en a poussé la formule à l'extrême avant de la dissimuler sous sa couverture en chapeau chinois. Ici tout est clair, les tubes sont alignés et ce sont leurs débords qui en montrent l'indépendance. Le déhanchement le plus impressionnant étant à l'arrière pour préserver l'espace de la pente en amphithéâtre vers la rive et y aménager un jardin d'ombre.

Avec ces deux exemples, Steel Band et Maison Beloti, s'expose la face la plus extravertie de l'architecture d'Arcau : l'un pour un ensemble de bureaux, l'autre pour une maison individuelle. Dans ces deux cas, l'aménagement paysager a son importance. Quand le terrain est plus fortement caractérisé, cet aspect se renforce. Le terrain est plat autour des deux immeubles de bureau, le jardin rampe et serpente autour d'eux comme les méandres d'un cours d'eau. Le terrain est escarpé autour de la maison, le jardin détermine la maison.

Un autre jardin dû à Madalena Beloti joue un rôle sensible dans un bâtiment remarquable de la production récente de l'atelier. Sans lui, le pôle alimentaire du Centre de formation des apprentis (C.F.A.) [6] de Quimper, 2011, serait un interminable bâtiment. Grâce à lui, la construction conserve sa silhouette étirée, mais cinq entailles sont pratiquées pour encastrer autant de patios que soulignent des murs de couleurs vives. Du même côté, à flanc de coteau, le jardin étroit qui épouse et s'incruste dans le long pôle alimentaire est ornemental. De l'autre côté, il distribue les autres bâtiments existants. Le jardin est fonctionnel, il n'est pas l'espace en plus qui caractérise l'architecture pavillonnaire : un pavé au centre et de la verdure autour. Le pôle alimentaire est la première tranche d'un programme complexe où se croisent réhabilitation, destruction et jachère bâtie. C'est un rideau qui

5. Centre Pompidou par shigeru ban (Metz)

6. Sur la crête (Quimper)

7. Six dés dans la pente (Douarnenez)

8. L'extraordinaire structure en terrasse des cultures de riz (Asie)

ferme une scène dont, sans lui, on ne connaîtrait pas la largeur. La ligne qu'il trace dans la pente inscrit véritablement le centre de formation sur son site, là où auparavant un archipel de constructions disséminées sans plan directeur ne faisait que s'en accommoder. Le plan masse est à présent actif et suggestif. Avant d'indiquer l'emprise des constructions, il détermine leur interaction et leurs conditions d'utilisation. La ligne de près de deux cents mètres de long est autoritaire, mais elle est aussi protectrice et fédératrice. Tirer un trait, c'est joindre des points. Si le pôle alimentaire peut s'assimiler à un rempart, il est aussi une membrane perméable qui donne autant d'importance à l'intérieur qu'à l'extérieur. Son couloir de circulation intérieure et sa coursive donnant sur la vallée sont en résonance, comme les deux branches strictement parallèles d'un diapason. À l'extrémité légèrement surélevée du bâtiment ce n'est plus l'image du rideau, mais celle de l'écran cinémascope qui vient à l'esprit en causant la surprise de révéler la largeur du bâtiment, que sa longueur presque exagérée tendait à minimiser exagérément. Il y a sans doute dans le pôle alimentaire de Quimper quelque chose de la disproportion théâtrale de l'architecture brésilienne, dans l'exubérance de ses poteaux inclinés, aussi, même si ces derniers rappellent d'abord les « échasses » de la villa dall'Ava de Rem Koolhaas, à Saint Cloud.

À l'extrémité d'un autre bâtiment placé lui aussi parallèlement à une pente, les mêmes poteaux apparaissent plus franchement mis en scène. On les atteint après avoir parcouru un long couloir. Un certain nombre de similitudes permettent de rapprocher le C.F.A. de Quimper et le siège de l'Office public de l'habitat de Douarnenez [7] (O.P.H. Douarnenez Habitat), 2011, qui, lui, ne joue pas les remparts, mais les sentinelles à l'arrière de quatre petits immeubles d'habitation de trois niveaux articulés en zigzag comme pour rompre avec la ligne droite qui les domine et les administre. Ces immeubles dominant à leur tour un parc constitué de jardins familiaux ouverts aux habitants du quartier qui fait évoquer aux architectes, lyriques, l' « extraordinaire travail des rizières en terrasses » [8] des pays asiatiques. On appelait autrefois ces potagers des jardins ouvriers. La déprise industrielle ou la gêne d'appeler les choses par leur nom — comme si l'ouvrier était un déclassé ! —, les a transformés en jardins familiaux — comme si cet adjectif était plus neutre ! —, même lorsqu'ils échoient à des retraités célibataires, à des employés du tertiaire ou à des chômeurs isolés. En l'occurrence, l'habitat social s'est vu doté ici de moyens supérieurs à la moyenne. La desserte des logements se fait par le haut et la descente d'escaliers pris entre la pente et le bâtiment (progressivement un peu plus sombres bien qu'en plein air), est récompensée par l'arrivée dans des appartements tous aussi lumineux à tous les étages, les rez-de-jardin au traitement différencié en façade étant même favorisés par rapport aux étages supérieurs et surtout par rapport aux habituels rez-de-chaussée urbains. Trop longtemps, l'habitat social a été confiné en périphérie des agglomérations sur des terrains plans où l'organisation des bâtiments confinait au labyrinthe, perdant ainsi non seulement de sa visibilité, mais aussi de sa mission de facilitateur d'insertion dans la cité. (Il faut pas mal de témérité ou d'abnégation pour entrer dans un labyrinthe ; peut-être ne faut-il pas se demander comment en sortir ?) Trop de logements sont disqualifiants. Ici, le programme a fait le choix de la plus grande ouverture sur le site. Et si les logements n'étaient pas assez en vue, la ligne du siège de l'O.P.H. permet de les repérer de loin sans hésiter. L'aspiration à la vue et à la visibilité se rejoignent. Cette ouverture, l'atelier Arcau a voulu la déployer encore davantage en articulant ses quatre cubes de façon irrégulière, donc non en faisceau, pour éviter le point de vue unique — et, en passant, pour dévier toute allusion à la panoptique militaire ou carcérale — mais aussi pour apporter aux habitants le confort supplémentaire de vivre dans un appartement unique même si les quatre modules sont identiques.

Atelier de création et laboratoire scientifique ont en commun d'être tournés vers la recherche. Si Arcau est un atelier et un laboratoire d'architecture, ses investigations s'y effectuent dans de nombreuses directions, car la spécialisation peut émousser l'acuité du chercheur. L'atelier Arcau n'est donc pas à la recherche d'un créneau fonctionnel : l'hôpital, l'établissement d'enseignement, l'équipement culturel, le centre commercial, le logement collectif, l'immeuble de bureaux, l'usine de traitement des déchets, je cite ici à dessein des domaines dans lesquels il a déjà exercé ses talents, mais on sait qu'il existe des architectes conseils qui passent leur vie à signer des permis de construire pour des chaînes de magasins ou qui ont érigé leurs performances en monopole dans des secteurs très pointus : centrale nucléaire, piscine, planétarium... L'architecte, après tout, n'a pas besoin d'être indépendant pour exercer honnêtement et parfois plus ou moins juteusement sa profession. Et la reproductibilité de l'architecture ne serait pas un sujet tabou si l'on pouvait fermer les yeux sur le corollaire du contexte (forcément toujours changeant) destiné à la recevoir. Ceci distingue l'art de l'architecture : à part les créations artistiques in situ, les œuvres d'art ne perdent pas de leur valeur artistique intrinsèque selon qu'on les considère dans l'espace privé de l'artiste, d'un collectionneur, dans un musée ou… dans un centre aéré — et cela encore moins à l'époque de leur reproductibilité technique. Transposer la chapelle de Ronchamp dans la banlieue de Londres ou de Djakarta est aussi possible. On a démonté pierre à pierre des châteaux de la vieille Europe pour les remonter en Asie ou en Amérique. Pourquoi s'en priver ? Il existe un club très restreint de collectionneurs de demeures de grands architectes modernistes, pourquoi ne l'ont-ils jamais fait ? N'ont-il jamais été tentés de réunir leurs trésors dans un parc à thème ? Le musée des Cloîtres, The Cloisters, dépendance du Metropolitan Museum de New York, apporte sa réponse, comme la reconstitution partielle du Parthénon au British Museum, ou celle du palais perse de Darius Ier à Suse au Louvre ou encore comme le Pergamon Museum à Berlin. Ces musées conservent en transformant. Ils réduisent l'architecture à un spécimen d'architecture, soit à un sujet d'étude et à un motif de délectation, donc, plus platement encore, à un objet ; ce que s'empressent de faire pour leur compte de grandes signatures de l'architecture contemporaine en plantant ici ou là des gestes voués à être popularisés en carte postale, qui seront donc attachés symboliquement à un endroit unique mais pourraient atterrir aussi bien ailleurs, des bâtiments pensés d'emblée comme des monuments, puisque comme Loos l'affirme « Seule une toute petite partie de l'architecture relève de l'art : le tombeau et le monument. [viii] » Or l'architecte pamphlétaire ne reçut jamais de commandes de ce genre, si l'on écarte l'esquisse de sa propre tombe, matérialisée vingt-cinq ans après sa mort. Pourquoi n'est-il donc pas permis de reproduire l'architecture ailleurs qu'à Las Vegas et là-bas, de fait, seulement très approximativement ? C'est à cause du contexte. L'architecture procède du contexte et de la sensibilité de l'architecte, par affinité ou conflictuellement, peu importe. Et le contexte, associé au programme démultiplie les options suggérées à l'architecte, surtout si celui-ci refuse la spécialisation et passe d'une usine à une maison individuelle, puis de celle-ci à un tribunal.

Les architectes de l'atelier Arcau embrassent un franc éclectisme en terme de commandes et c'est peut-être paradoxalement de cette diversité que ressort la cohérence de leur production. Bien sûr, leurs immeubles d'habitation ne ressemblent pas à leurs usines. Bien sûr, les mêmes matériaux ne se retrouvent pas partout. Même si certaines catégories de commandes influencent le choix des matériaux, on retrouve en effet rarement les mêmes matériaux sur des projets aux programmes fonctionnels analogues. En clair, les immeubles et les usines construits par l'atelier ne se ressemblent pas chacun dans leur catégorie. Car c'est moins dans la démonstration formelle que se détache l'unité du catalogue Arcau. C'est dans la recherche du confort d'utilisation, dans le confort de la réponse fonctionnelle et symbolique, c'est donc dans l'appréhension respectueuse du facteur humain qui se tient au centre, en amont et en aval de cette double réponse. De la représentation symbolique, il y en a partout, y compris dans l'exercice de l'architecture et dans le souci de faire évoluer Arcau avec la conviction que tout est à reprendre à zéro à chaque projet ; que les données soumises à la réflexion des architectes soient simples ou complexes.

De l'éclectisme et de la cohérence de la démarche, les « hasards de la commande », comme dit Xavier Fraud, donnent une mesure particulière, puisque sans se vouloir spécialistes, six fois les architectes de l'atelier se sont penchés sur le sensible sujet du traitement des déchets. On en apprend autant des groupes humains en observant ce qu'ils consomment et ce qu'ils jettent ou détruisent. Mais si les produits de consommation sont surexposés (pas de consommation, autrement), tout est fait pour dissimuler les déchets (la même chose, en vérité, après un temps plus ou moins court d'utilisation qui en affecte plus ou moins l'apparence). Que faire, donc, de ces rebuts puisqu'il n'est pas permis d'attendre que les archéologues y trouvent des trésors ? Les recycler, dans la mesure du possible, sinon : les détruire proprement. Proprement, cela veut-il dire discrètement ? Eh bien, pas sûr ! Sans nuisance olfactive, sans nuisance sonore, en toute innocuité, d'accord. Mais où commence la nuisance visuelle et jusqu'à quel point peut-on la tolérer ? À la différence des autres, qui sont assez instinctivement ressenties, la nuisance visuelle demande une éducation. On n'a pas besoin d'apprendre à se boucher le nez ou les oreilles, mais on apprend à détourner le regard. Cela peut-être de la discrétion, de l'horreur, du dégoût, du mépris. Et toute la finesse de l'atelier Arcau aura été avec ces six projets de nous faire ouvrir les yeux sur des pans méprisés de nos sociétés. À Nantes, en 2013, à Saint Barthélémy d'Anjou, [9] en 2011, à Ploufragan, [10] en 2007, et à Brest, [11] en 2006, pour ne pas tous les citer, une même conviction : valoriser ce qui est dévalorisé : déchet, filière et profession. Mais que

9. Matrice paysagère (Saint barthélémy d'Anjou)

10. Architectural digest (Ploufragan)

11. Spernot (Brest)

12. Station multimodale par Marc Barani (Nice)

13. Sentinelles ferroviaires (Nantes)

de solutions architecturales pour y parvenir ! À Brest et à Ploufragan, des similitudes, même si les volumes sont très différents. Mais entre Nantes et Saint Barthélémy d'Anjou, que de différences ! À Nantes, c'est à un trop plein d'histoire humaine qu'il faut faire face. Dans un contexte périurbain rugueux et dynamique, l'architecture épouse les flux de circulation routiers, ferroviaires et fluviaux dont la parcelle à construire est témoin. Au moins en surface. Car en profondeur, le projet procède de la stratification de l'histoire récente, il s'ancre dans un lit d'anciens déchets.

À Saint Barthélémy d'Anjou, au milieu d'une plaine sans caractère et sans histoire, exemple très moyen de non-paysage, il faut créer un événement, un scénario imaginaire pour stimuler l'invention architecturale : la terre se soulève, un relief émerge, puis il est soumis à toutes sortes de mauvais traitements géo(morpho)logiques. Par un subtil processus, là où d'autres se seraient saisis de l'aubaine d'un terrain sans contrainte pour créer l'événement de toutes pièces avec un bibelot architectural, l'atelier Arcau invente un préalable pour s'échauffer : une scène primitive, quelque chose sur quoi s'appuyer et à quoi se confronter. L'introduction de la fiction est contradictoire avec la philosophie du contexte, pensera-t-on. Pourtant elle découle d'une fine quoiqu'un tantinet hallucinée observation du site et de sa neutralité topographique. « Des traces de fossés drainant les eaux excédentaires de ces terres agricoles, puis comblés, se devinent » lit-on dans le mémoire descriptif des architectes. Des trous qui n'en sont plus et des remblais fichus dedans pour repartir sur du solide. Comme si le paysage et son horizon rectiligne avaient fait leur propre tabula rasa. Comme si le monde devait se conformer à la platitude d'une carte, au lieu du contraire.

Différentes par les contextes, trépidant à Nantes et tout en devenir à Saint Barthélémy, les réalisations le sont encore davantage au final. Volumes géométriques simples, d'un côté, complexes de l'autre. Habillage mat et rouillé ici, il est inoxydable et d'un brillant éclatant là. Signal visible de toutes parts sur le site périurbain, la problématique paysagère est ambivalente dans la prairie : entre insertion (là où la couverture végétalisée s'inscrit dans le prolongement du sol) et exhibition (là où la façade du bâtiment principal prend l'aspect d'une falaise étincelante). En surélévation ici, de plain-pied là, filante et comme extrudée ici et émergente et facettée là, la forme architecturale reste néanmoins déterminée par un même principe, irréductible à la particularité des deux sites : la valorisation de la fonction et de l'investissement public.

Julien Veyron aime à citer un exemple qui a conforté Arcau dans l'orientation de ses projets : le Pôle multimodal de Nice, [12] qui a valu l'équerre d'argent à Marc Barani en 2008. Trop tard donc pour influencer les projets engagés ou déjà réalisés par l'atelier, mais juste à temps pour confirmer les architectes dans la voie qu'ils s'étaient déjà tracée au moment où ils se penchent sur l'Opérateur public de collecte (O.P.C.) de Nantes. Parmi les multiples éléments rassemblés sous le vocable de Pôle multimodal, il existe un centre de maintenance de tramways. Pour des raisons de sécurité notamment, il est interdit d'accès à toute personne étrangère au service, mais pour ne pas l'éliminer complètement de l'espace public, Barani a l'idée d'en vitrer une large face devant un passage emprunté par les voyageurs, façon de montrer la complexité du programme et de ne pas couper le contact entre les usagers et les agents de maintenance ; car il ne faudrait pas seulement lire dans cette baie spectaculaire l'expression de la généreuse considération de l'architecte pour ces derniers — qui peuvent aussi bien se sentir transformer en bêtes curieuses, pour ne pas dire plus... —, c'est aussi l'efficacité du service qui se trouve optimisée ainsi. Il n'est de véritable transparence que réciproque.

Pour Nantes et l'atelier Arcau, la distance et la vitesse de circulation des passants embarqués dans leur train ou dans leur automobile ne peuvent offrir une visibilité aussi intrusive sur les agents de service de l'O.P.C. [13] C'est l'outil de travail porté à une mate incandescence par la couleur de son habillage en acier Corten qui doit attirer l'attention : un outil renvoyant à la métropole et à ses habitants (lesdits agents compris) son image de modernité. Si la couleur n'est pas structurelle en architecture et si Fraud et Veyron se défendent d'y attacher de l'importance, le choix du Corten montre néanmoins qu'elle peut être signifiante.

Deux campagnes d'affichage se sont récemment succédé à propos de ces sujets sensibles. Premier slogan : « Le chat a neuf vies, le papier en a cinq. (Pour le papier, c'est prouvé.) » Deuxième slogan, moins inspiré : « Nous pouvons faire le maximum, mais pas l'impossible. » Visuel réduit au minimum pour une efficacité maximum, le premier slogan se détachait sur une feuille de papier froissé. Visuel maximum pour une efficacité douteuse la deuxième fois : un agent de la propreté transformé en bon génie (la partie inférieure du corps camouflée derrière un réverbère) se précipite pour cueillir une boule de papier jetée par un passant. Dommage, cette seconde campagne répondait à l'augmentation des actes d'incivilité dont sont victimes ces agents du fait du caractère toujours disqualifiant de leur métier : toujours corvéable, en somme, et même plutôt cinq fois qu'une ! Vrai problème, alors pourquoi déréaliser ? Il reste beaucoup à faire, c'est prouvé !

Les bâtiments construits par l'atelier Arcau à Nantes et Saint Barthélémy d'Anjou visent les deux cibles : recyclage des déchets et valorisation des hommes. En général les centres de tri sont promis au rebut de l'architecture et se nichent dans des trous. À Brest, d'un équipement réputé écologiquement peu correct, une usine d'incinération, Arcau a fait un phare. À Ploufragan, dans une unité vouée au compostage des déchets organiques trouvée dévastée, l'atelier d'architecture a su voir une « cathédrale technique [ix] ». Ici encore, l'idée de valorisation suppose une dévalorisation préalable. Et c'est encore l'affichage de la modernité fonctionnelle qui a guidé les architectes pour ces deux excellents exemples d'architectures à la fois remarquables et transparentes.

Mais c'est une tout autre démarche, on s'en doute, qui est attendue des architectes lorsqu'ils ont à plancher sur des bâtiments représentant l'autorité publique, cas typiques de convergences entre le symbolique et le fonctionnel, comme ce fut le cas récemment avec la restructuration et l'extension du Palais de Justice de Vannes, 2005-2012, et la création du siège d'une institution nouvelle : l'hôtel de la Communauté de communes de Pornic, 2012.

À Vannes, en plein centre ville, de l'extérieur, l'intervention semble se réduire à l'érection d'un cartel vertical en béton dans lequel, tel un avertissement, sont gravés en capitales les mots PALAIS DE JUSTICE. « L'architecture éveille en l'homme certains états d'âme. La tâche de l'architecte est donc de préciser lesquels. [...] Le palais de justice doit apparaître au vice caché comme un geste menaçant », écrivait encore Adolf Loos pour cette même conférence. [x] Tout le monde est justiciable, aujourd'hui comme en 1910, mais l'institution judiciaire a changé et au Tribunal de Vannes, [15] lorsqu'on a dépassé l'avertissement, un accueil relativement modeste, sinon tout à fait rassurant, permet aux usagers de la justice de s'orienter, physiquement au moins, dans un appareil administratif demeuré, lui, extrêmement touffu. Une passerelle fait le lien entre le nouveau et l'ancien avec un partage mesuré entre la fonction de représentation laissée à l'ancien, ayant pignon sur rue, et les nouveaux bureaux, presque indécelables de l'extérieur, les salles d'audience ayant enfin été complètement rénovées jusqu'au mobilier et aux panneaux acoustiques conçus pour l'occasion par l'atelier Arcau.

À Pornic, le bâtiment symbolique doit constituer un référent pour une collectivité nouvelle sur un pôle tertiaire en cours de constitution. Il participe donc à la création du contexte où il doit jouer un rôle majeur. Comme pour la médiathèque et l'école de musique de Carnac, avec lesquels il présente un petit air de famille, le siège de la Communauté [14] de communes se présente de l'extérieur en deux bâtiments connectés, ici par une fine passerelle et un grand hall. Il faut pénétrer dans une cour pour accéder à l'accueil et aux services. Le parallélisme des deux éléments en est accentué comme l'impression un peu troublante en façade principale d'avoir à faire à deux fois la même construction, citation du grenier à sel traditionnel de la région : la salorge, dont il reste de nombreux spécimens sur le territoire. Pourtant les deux bâtiments jumeaux, de même calibre, n'ont pas la même longueur. On s'en aperçoit dans le hall. L'un se prolonge, l'autre s'arrête pour se prolonger plus tard si nécessaire.

Si les architectes de l'atelier Arcau ne reprennent pas complètement à leur compte pour l'O.P.C. de Nantes l'idée de Barani en évitant d'exposer directement les agents qui y travaillent, à Pornic, pour insister sur le caractère symbolique de la commande, la salle du Conseil de la Communauté occupe l'avant-scène. La forme générale de la salorge constitue en outre très clairement un effet d'image, propice au dédoublement, même si les deux bâtiments présentent en façade principale quelques petites différences comme pour prouver encore l'opposition d'Arcau à toute réduction de l'architecture à un schéma conceptuel, répliquable, lui, à l'infini. Adaptée pour l'occasion, la silhouette familière du bâtiment traditionnel de ce pays de marais salants n'a plus de raison d'être fonctionnelle et elle enveloppe même un volume considérable et inutile en toiture, détail sensible puisque, comme à Carnac, d'ailleurs, en prescrivant l'obéissance à une certaine pente de toit le maître d'ouvrage manifestait déjà son autorité et ceci dans un secteur pourtant non protégé. La contrainte fut difficile à accepter par les architectes jusqu'au moment où le modèle de la salorge s'imposa tandis qu'ils excursionnaient aux alentours. D'autres avaient déjà pu s'en inspirer, l'architecture vernaculaire appartient à tout le monde, mais ainsi nos architectes avaient-ils trouvé la réponse symbolique au problème posé. Sans le savoir, dans le détail purement décoratif de cette toiture

14. Salorge (Pornic)

15. Place de la république (Vannes)

16. Salorge (Pornic)

17. Tour Pirelli par Ponti & Nervi

obligée, ils récoltèrent même plus qu'ils n'espéraient : en dégageant le maximum de transparence en façade pour la montrer de dessous au piéton passant au pied des deux bâtiments, ils en accentuent encore la hauteur et ils suggèrent une halle à la Eiffel en... bois ! toute revêtue de bois, là où les salorges peuvent être couvertes de tuiles ou de chaume, car c'est au prix de ce surdimensionnement que s'instaure véritablement l'équivalence entre la forme et le symbole, qui est d'abord symbole de reconnaissance.

Enfin, il faut monter là où le piéton anonyme n'a pas accès, sous les combles, pour découvrir ce qui maintenant tient lieu d'icône pour l'atelier Arcau : la vertigineuse perspective triangulaire sous laquelle se cache la machinerie climatique du bâtiment. Drôle d'endroit pour un geste architectural ; et ceux qui devront se contenter d'une photographie, ne l'oublieront pas. Mais, je l'ai assez souligné, Fraud, Veyron et leur équipe ne sont pas des architectes démonstratifs. Et même si ce bâtiment est exemplaire sur le plan de ses performances écologiques, il ne s'affiche pas comme tel.

Quant aux belles photographies d'architecture, il faut toujours s'en méfier. Il n'y a pas de bon cadrage architectural, pas de point de vue unique qui vaille en ce domaine, l'architecture doit se concevoir dans son entièreté. Et l'exercice est accompli avec la Salorge. Prenez sa passerelle intérieure. « Ma plus grande fierté est que les espaces intérieurs que j'ai créés ne produisent aucun effet sur photographie. [xi] » Les architectes de l'atelier Arcau pourraient reprendre cette déclaration de Loos à leur compte à propos de cette passerelle. Pourtant, c'est une des réussites cruciales de ce projet. Sans elle, les deux bâtiments resteraient parallèles. Un généreux espace de circulation [16] transversale est créé pour palier ce qui aurait pu être un inconvénient majeur du parti pris de conception en deux modules séparés par une rue, comme on l'observe de l'extérieur. Mais la largeur du passage n'eut pas été suffisante si, en décalant l'entrée dans le double bâtiment au fond de cette même rue, la passerelle intérieure venant au-dessus de l'accueil du rez-de-chaussée ne s'était trouvée repoussée, telle la barre d'un H majuscule à environ mi longueur du plus long des deux modules, diminuant ainsi les distances à parcourir pour les usagers en interne. Ainsi le petit effort consenti par le visiteur occasionnel pour accéder de l'extérieur au bâtiment et pour en appréhender de fait la monumentalité, ne nuit-il pas à son usage courant à l'intérieur.

Dans certains métiers difficiles parce que déconsidérés socialement, prioritairement aux questions d'ergonomie et de confort, se pose et se posera toujours la question de l'estime au travail. Pour ces usagers exposés, une architecture médiocre comme une architecture flamboyante ne peuvent que contribuer au sentiment de malaise. Pourtant, la modestie n'est pas gage d'excellence, surtout pour un architecte. Entre peste et choléra, il existe en effet beaucoup plus de bâtiments navrants de neutralité que de bâtiments médiocres qui fanfaronnent, mais les premiers s'oublient plus facilement. Un bâtiment qui se fond dans son contexte n'est pas par principe préférable à celui qui joue des coudes avec lui. Un bâtiment qui ne se remarque pas ne rend pas service au contexte dans lequel il s'inscrit. Il ne le rend pas plus remarquable quand le contexte est médiocre et il n'engage aucun dialogue avec lui quand le contexte est intéressant. Il ne suffit pas alors d'essayer de se hisser à sa hauteur. Dans le cas où le contexte est d'une exceptionnelle qualité historique ou naturelle, un décalage intelligent sera toujours plus stimulant. L'architecture mimétique ne prône en général la discrétion que par impuissance. De toutes façons, quand l'architecture est médiocre, elle peut toujours servir. C'est pourquoi on en est tant encombré : parce qu'on la conserve. Quand une œuvre d'art est médiocre, elle ne sert vraiment à rien.

Alors, comment offrir plus sans offrir trop ? C'est à ce problème que se frotte l'atelier Arcau chaque fois que le contexte social et environnemental est tendu. Quelle importance donner au style quand l'humanité même est en question ? Quand tout commande soit à l'exonération — mais la boîte à chaussures a un style [xii] — soit, par diversion, à l'exagération — la pièce montée du pâtissier, elle aussi, a un style — ? Or, le style, n'est pas l'ornement qu'on enlève ou qu'on ajoute à l'architecture. Le style doit lui être intrinsèque, il doit être structurel : appartenir à la définition du projet, car la satisfaction des attentes du programme fonctionnel ne saurait suffire et la fierté de l'architecte ne saurait être un plaisir solitaire.

Alors, quoi ? Le style dont Arcau ne veut pas, c'est celui qui plastronne quand, indépendamment de toute autre considération, l'architecture procède d'une forme définie d'avance, quand cette forme se retrouve et s'impose ensuite au premier regard au terme de la construction et quand le fonctionnement interne du bâtiment ou de l'ensemble de bâtiments en subit la contrainte. Si ingénieuse et si attractive soit-elle, cette architecture-là, architecture de carte postale, est formelle. Bien sûr, on tire des cartes postales des plus majestueux chefs d'œuvre de l'architecture. Mais on en tire des bicoques les plus modestes, pourvu qu'elles soient pittoresques, la ruine ou une certaine décrépitude ajoutant même au pittoresque pour en rehausser l'intérêt. Ce dont Fraud et Veyron se méfient avant tout, c'est de cette course à la carte postale.

À Milan, par exemple, la gare centrale fanfaronne. Bunker déguisé en pâté en croûte, elle pérore même tant et plus tandis que, juste à côté, le gratte-ciel Pirelli [17] se dresse effilé, avec une économe élégance. Un soin extraordinaire a été apporté aux décors fastueux de la gare qui, dans son genre, avec ses voies surélevées appelant le voyageur à monter vers elles ou à descendre vers la ville, est parfaite. La tour de Gio Ponti et Pier Luigi Nervi, livrée en 1960, elle, n'est pas parfaite — ses minuscules balcons latéraux sont incongrus et avec des moyens techniques différents, ses menuiseries métalliques seraient aujourd'hui deux à trois fois plus minces et ainsi l'alternance verticale des verres transparents et opaques en serait plus naturellement lisible —, mais elle demeure incommensurablement supérieure à la gare ; et cela ne tient pas qu'à sa hauteur ! Pas bien large, avec son profil déjà biaisé, une fine mais profonde échancrure centrale la parcourt sur les bords, de la base jusqu'au sommet, pour la faire paraître encore plus mince et comme pour excuser ses 127,10 m de hauteur.

À Milan, la tour montre le site en empiétant sur lui le moins possible. Au contraire de la gare, qui occupe le site, mais qui au moins le dessert. Verticalité contre horizontalité, qu'on le veuille ou non, la question du style a son importance même si ce n'est qu'un critère parmi d'autres dans le jugement de l'architecture. (Et ce n'est pas le critère premier de l'usager premier). Si on ne peut nier l'efficacité de mettre un pied devant l'autre pour avancer, [xiii] on peut toujours épiloguer sur l'efficacité des styles à produire du plaisir ou non. Mais la fonction aurait-elle une supériorité sur le plaisir ? Et le plaisir serait-il dénué de toute fonction ? Heureusement ici, le bâtiment qui montre le site se montre au site et celui qui pollue le site disparaît dès qu'on s'en éloigne. Ainsi l'un des nombreux mérites du gratte-ciel Pirelli est de savoir dialoguer, dans la même ville, avec la Torre Velasca, [18] œuvre non moins audacieuse, livrée par l'agence B.B.P.R. en 1958, qui culmine à 106 m non loin du Duomo et est à peu près formellement son exacte contraire. Mais l'immeuble de Ponti et Nervi ne saurait faire apprécier la gare centrale, qu'il écrase avec tant de légèreté [xiv] ; lui si subtil, l'autre si autoritaire.

Moins de trente ans séparent l'inauguration de la gare [xv] et celle du gratte-ciel Pirelli quand plus de cinquante ans se sont déjà écoulés depuis la livraison de ce dernier jusqu'à présent. Et pourtant ces trente ans paraissent beaucoup (infiniment) plus longs ! Parce qu'il fut adéquat, y compris en ce qu'il pouvait avoir d'inacceptable, le gratte-ciel reste pertinent et actuel. Parce que la gare était inadéquate, tout au moins ses décors, elle aura toujours été d'une autre époque, mais jamais de la sienne.

18. Tour Velasca par BBPR

i « Dès la conception, il a intégré la performance des installations de génie climatique. » Communiqué générique AMO/G.r.D.F.

ii Kenneth Frampton, L'architecture moderne, Une histoire critique, Londres, Thames & Hudson, 2006, p. 334 (1ère édition anglaise, 1980).

iii Au moins cette tendance a-t-elle pu contrecarrer le monopole insidieux d'un style néo-provençal (crépi beige, tuiles romaines et ferme apparente en façade principale) qui ne dit pas son nom, mais qui s'est insinué partout sur le territoire français dans ce secteur de la construction.

iv J. Veyron, courriel à l'auteur, 25.03.2013.

v Cf. également la maison Chaudoye, à Arradon, de 1985.

vi Adolf Loos, Ornement et Crime, « Architecture », texte d'une conférence prononcée 1910, Paris, Payot et Rivages, tr. Sabine Cornille et Philippe Ivernel, 2003, p. 96.

vii Frampton, id.

viii Loos, op. cit., p. 113.

ix X. Fraud.

x Loos, op. cit., p. 115.

xi Loos, ibid., p. 104.

xii La simplicité du Tabouret Maison du Brésil LC 14 02, 1952, de Le Corbusier, est bafouée et devient ostentatoire quand, réédité près de soixante ans plus tard, l'objet se voit affublé, même en petit, d'un fac-similé de la signature de son auteur, d'un numéro de tirage et de la griffe de l'éditeur.

xiii J'avais d'abord écrit « l'efficacité de pédaler pour avancer à bicyclette ». Mais, en prenant l'exemple du MAXXI, Zaha Hadid répondant récemment à Rem Koolhas qu'il n'était pas nécessaire de réinventer la roue d'un projet à l'autre, je me ravise. Hans Ulrich Obrist, Rem Koolhaas, London Dialogues : Serpentine Gallery 24-Hour Interview Marathon, Milan, Skira, 2012.

xiv La Superleggera, 1957, la célèbre chaise de Ponti éditée par Cassina vient deux ans avant le gratte-ciel Pirelli, 1959, conçu avec l'ingénieur Pier Luigi Nervi alors qu'il y travaille déjà. Gio Ponti fonda la revue d'architecture Domus en 1928 et il la dirigea jusqu'à la fin de ses jours, cinquante ans plus tard.

xv Sa façade actuelle date de 1931.

projets illustrés

■ **projets illustrés**

■ autres projets récents

steel band

VANNES

page précédente bâtiment signal en entrée de ville
1 volumes architecturaux à travers un paysage en mouvement

1

PROGRAMME : Sièges sociaux/ **SURFACE :** 2780 m² / **PARFAIT ACHEVEMENT:** 2011 / **PERFORMANCE ENERGETIQUE :** Certification DDC

Le projet *Steel Band* est né en 2007 quand, s'inspirant des « Baugrüppe » allemands prônant l'auto-promotion, cinq entreprises de services ont choisi de se rassembler pour mettre en commun leurs moyens et se doter d'un outil de travail sur mesure, inscrit dans une démarche environnementale et durable.

Implantés sur un parc d'activités tertiaires, les deux bâtiments *Steel Ban*d qui en assurent la composition, sont inscrits entre la cité qui s'étend et les terres agricoles. Les deux gabarits, respectivement de un à deux, et cinq niveaux dialoguent et s'équilibrent. Caractéristiques et puissants, ils forment un signal architectural référent à cette entrée de la ville de Vannes.

Au cœur de la composition, un jardin d'eau articule les espaces intérieurs et extérieurs. Les stationnements, sous pilotis, sont masqués par une série de voiles béton, qui viennent conforter l'alignement urbain.

La façade nord du grand bâtiment tourne le dos et marque fermement sa limite à la zone bâtie, embryonnaire et confuse qui jouxte le site. Ce rempart de béton s'oppose à la dématérialisation des autres façades, de verre et d'acier Corten, façonnées et ouvertes sur un quartier où elles dispensent une tonalité chaude orangée variant selon les conditions météorologiques. Filtres assurant la protection des usagers, elles déclenchent aussi d'innombrables effets cinétiques en croisant leurs trames diversement perforées et découpées tout au long de la promenade architecturale autour des bâtiments.

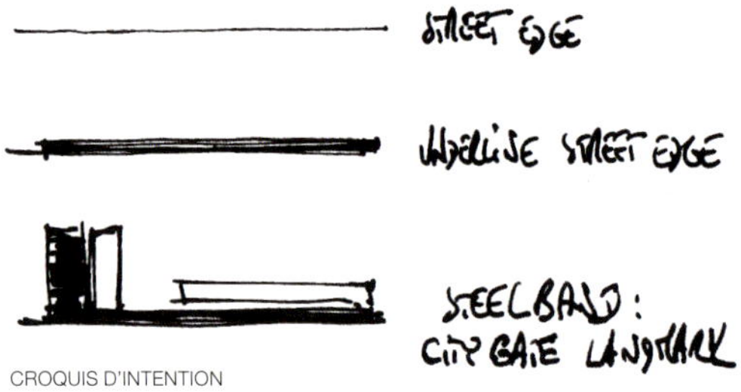

CROQUIS D'INTENTION

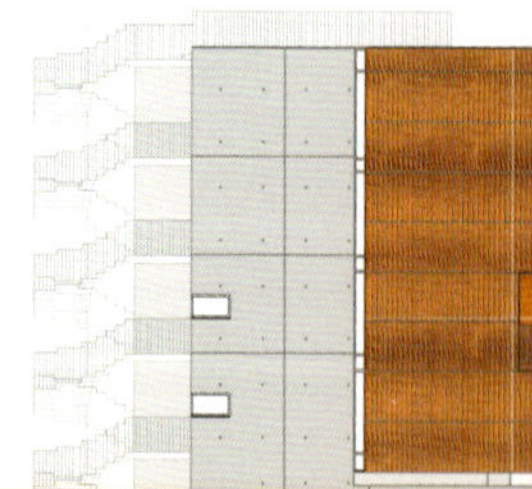

1 — ENTRÉE
2 — FORUM
3 — OPEN SPACE
4 — SALLE DE RÉUNION
5 — SALLE DE MAQUETTE
6 — HALL D'ENTRÉE
7 — BUREAU
8 — SALLE DE CONFÉRENCE
9 — REPROGRAPHIE
10 — RÉSERVE
11 — SANITAIRES
12 — PARKING

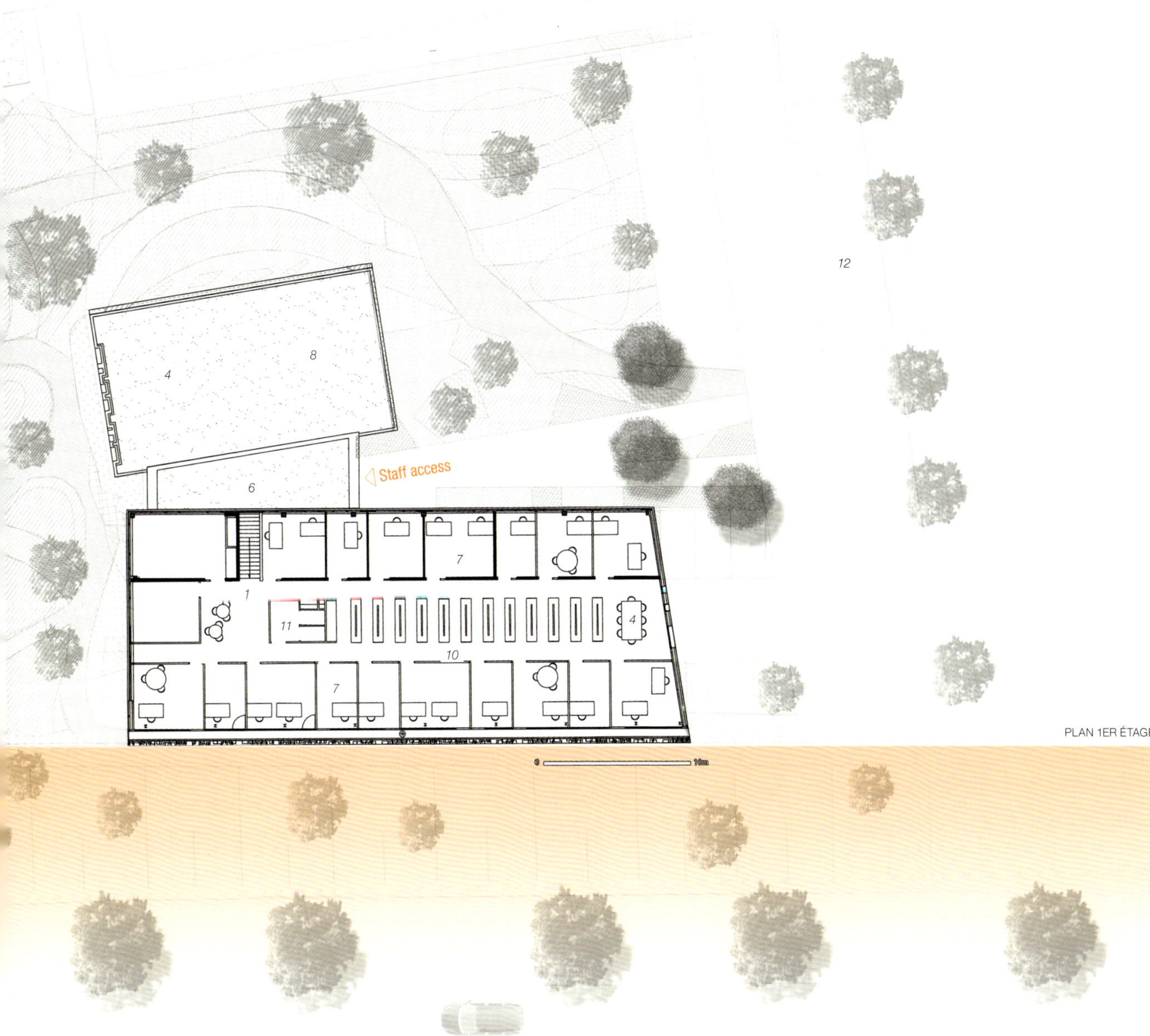

PLAN 1ER ÉTAGE

ÉLÉVATION SUR RUE SUD OUEST

1

2

3

1 steel band revêt sa peau de corten
2 chantier
3 touche finale
4 façade nord
5 façade est achevée

4

5

1 — IPE 360
2 — PANNE
3 — IPE 300
4 — ISOLANT 150
5 — ÉTANCHÉITÉ MULTICOUCHE
6 — TOITURE VÉGÉTALE
7 — BANDE STÉRILE
8 — APPUIS
9 — RELEVÉ D'ÉTANCHÉITÉ
10 — COSTIÈRE
11 — PAR-VAPEUR
12 — CAPOTAGE MÉTAL
13 — SUPPORT INTERMÉDIAIRE
14 — POUTRE MÉTALLIQUE
15 — VITRAGE
16 — POUTRE DE RIVE SUPPORTANT LA FAÇADE
17 — HEA 160
18 — PLAFOND SUSPENDU

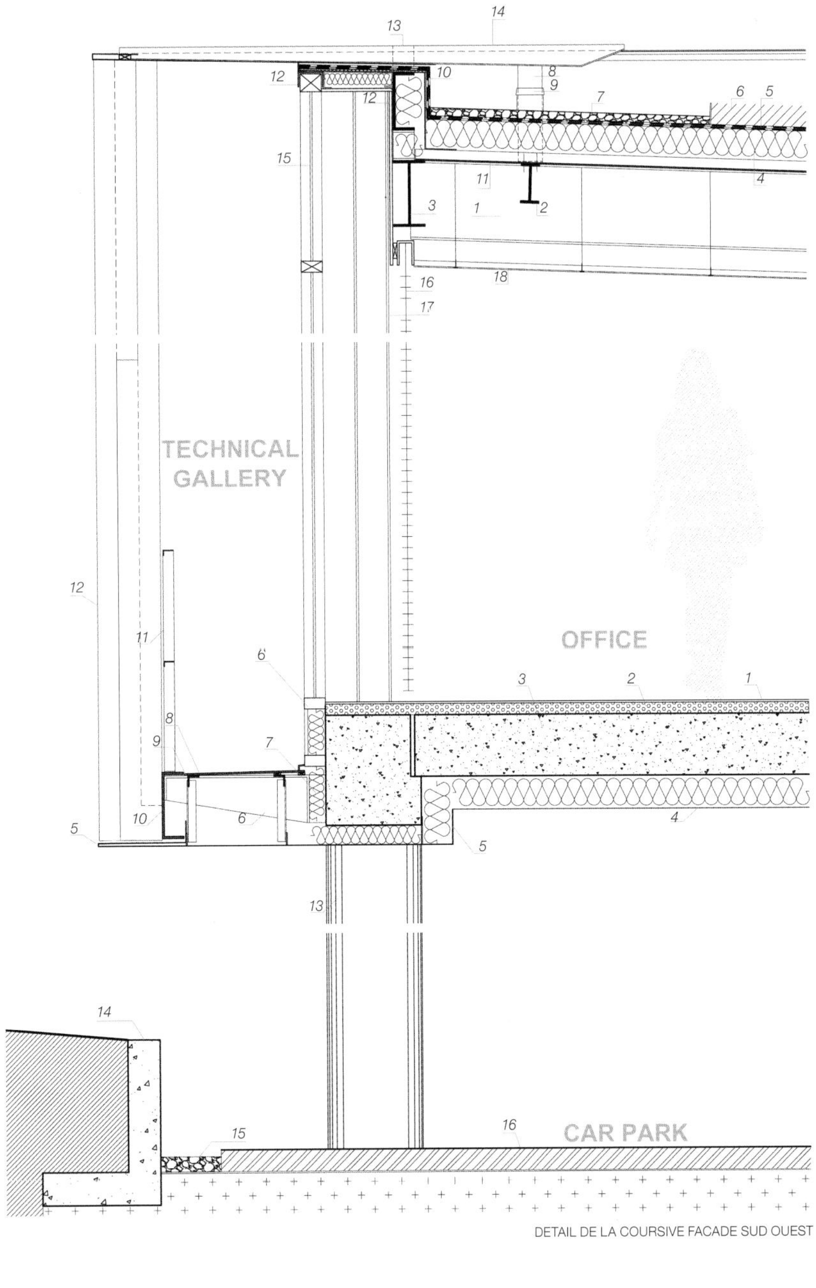

1 — CARRELAGE
2 — PLANCHER CHAUFFANT
3 — DALLE ALVÉOLAIRE
4 — ISOLATION 150
5 — HABILLAGE SOUS FACE CORTEN
6 — CHASSIS ALU EDR
7 — RUPTEUR THERMIQUE
8 — TÔLE LAQUÉE NOIRE
9 — CORNIÈRE DE FIXATION
10 — UPE 300
11 — GARDE CORPS TECHNIQUE CORTEN
12 — BRISE SOLEIL CORTEN
13 — POTEAU BÉTON LASURÉ OBLONG
14 — MURET DE SOUTÈNEMENT
15 — SCHISTE CONCASSÉ
16 — ENROBÉ

DETAIL DE LA COURSIVE FACADE SUD OUEST

1 façade sud ouest : bâtiment remarquable en entrée de ville

page suivante en direction de l'est, le mur extérieur offre une perméabilité en face du patio. il se crée ainsi un lien entre la rue et le jardin

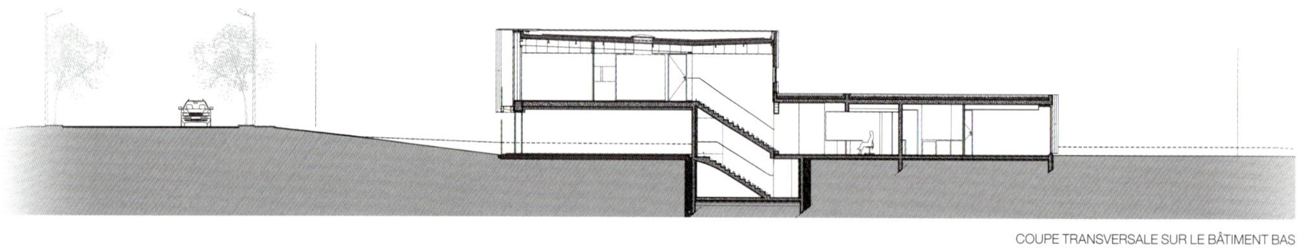

COUPE TRANSVERSALE SUR LE BÂTIMENT BAS

1

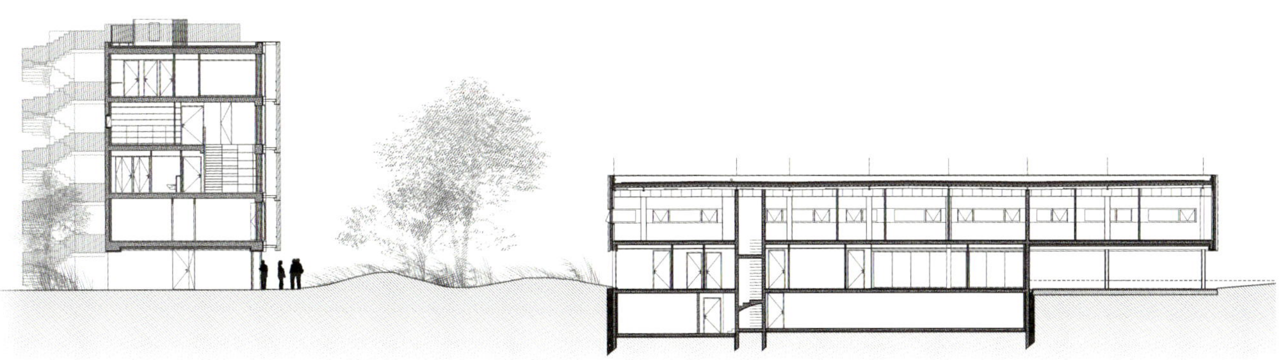

COUPE GÉNÉRALE

1 bâtiment bas : disposition aléatoire du bardage en corten créant un effet moiré

2 détail du calepinage aléatoire

3 l'effet de maillage du corten entraine la perception d'une façade dématérialisée

page suivante puzzle à la fois déconcertant et fascinant de la façade en corten

1

ÉLÉVATION SUD EST

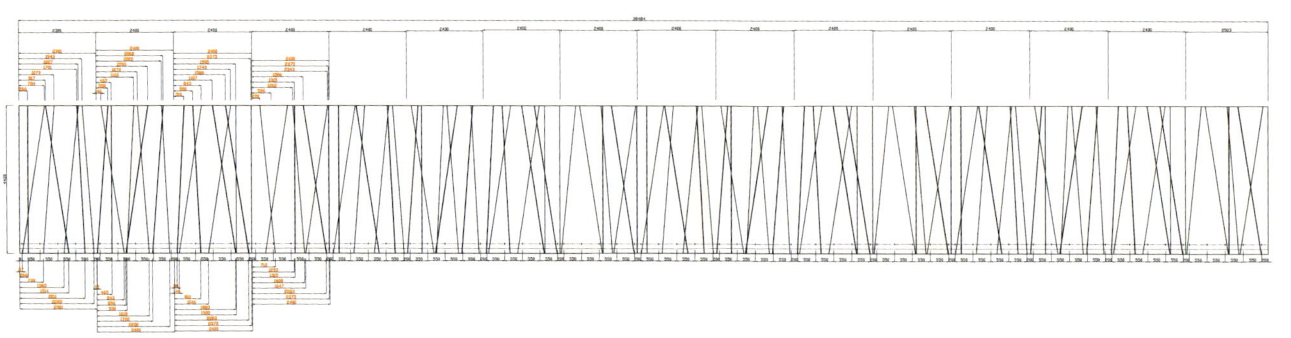

DÉTAIL SUR LE RYTHME DE LA FAÇADE SUD

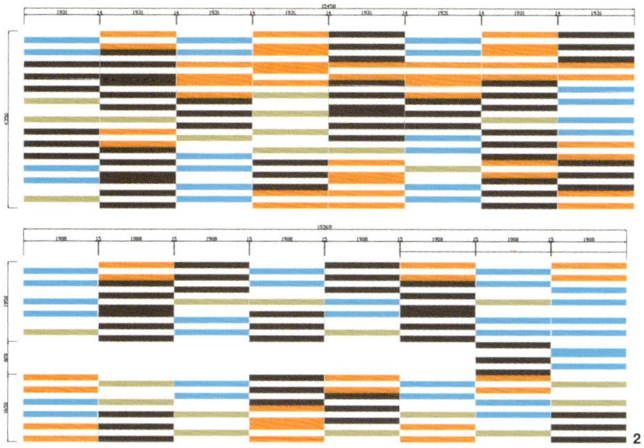

2

3

1

2

3

1 façade nord est : une façade discrète qui met en avant son escalier sculptural
2 lumière du soir
3 colonne oblongue-parking
4 escalier d'entrée : origami de béton

4

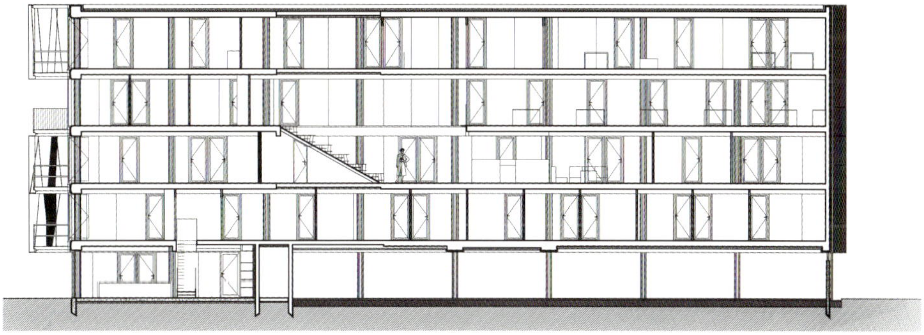

COUPE LONGITUDINALE

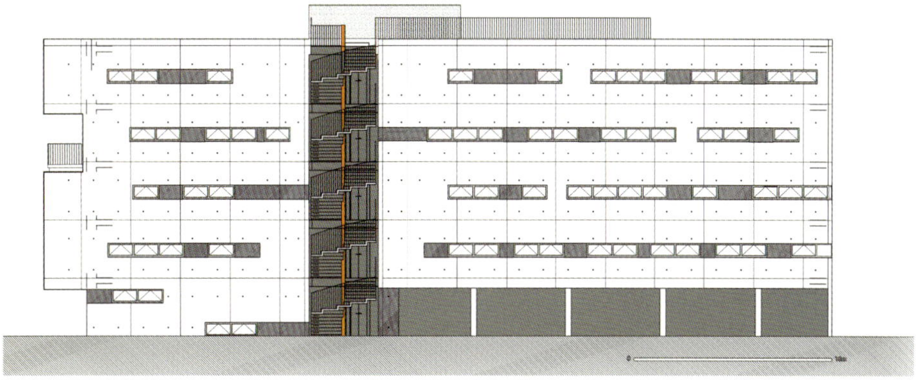

ÉLÉVATION NORD OUEST

1

2

1 salle de réunion
2 open space
3 forum et entrée

3

1

2

3

1 l'espace forum, coeur de l'atelier
2 lumière filtrée à l'intérieur de l'open space
3 les lignes brisées des luminaires comme fil conducteur de la passerelle à l'open space

1

3

2

1 coursive technique

2 motif complexe de la double peau créant un effet tissage

3 intérieur : forum et accueil

page suivante : façade montrant différents niveaux de perméabilité visuelle selon l'angle de vue

STEEL BAND

sentinelles ferroviaires

NANTES

page précédente accès des employés et agents depuis leur parking
1 vue aérienne : enchâssement du projet entre les voies ferroviaires et la Loire

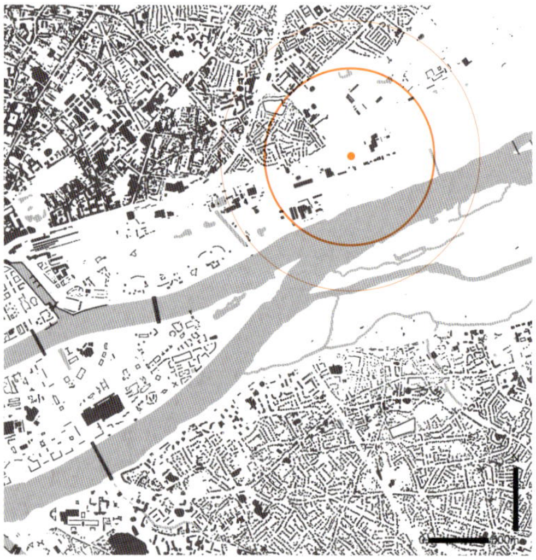

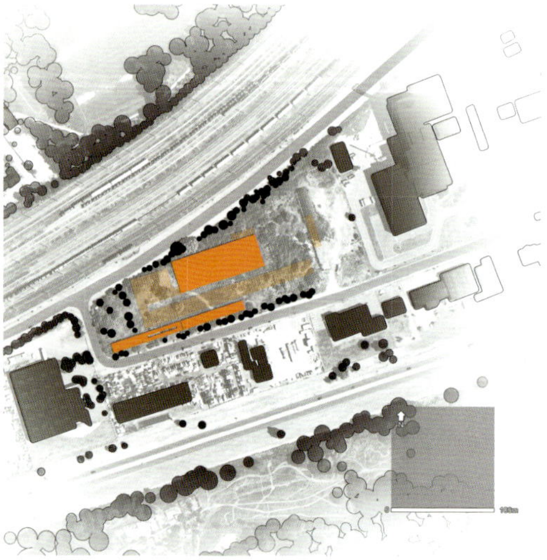

1

PROGRAMME : Centre logistique de maintenance de l'opérateur de collectes Nantes OPC / **SURFACE :** 3555 m² Shon / **ACHEVEMENT :** 2013 / **PERFORMANCE ENERGETIQUE :** BEP (bâtiment à énergie positive)

Une ancienne décharge d'ordures ménagères au cœur d'une zone industrielle balayée par des flux dynamiques est-ouest (trains, automobiles, péniches, fleuve, vents) détermine le contexte vibrant où s'inscrit le centre technique pour l'Opérateur Public de Collecte et la Direction des supports logistiques, qui accueillera dans un premier temps 160 employés et agents.

Les bâtiments implantés au nord et au sud sont traités comme deux monolithes ancrés sur leurs socles en béton. Leurs façades sont revêtues d'acier Corten. *« Expression métaphorique du recyclage des matériaux, l'acier corten souligne les contradictions de notre société. Une société pleine de rêves, attirée malgré elle, sans cesse d'avantage, par le « bling-bling » et le jetable. Cette vêture brute, à la fois puissante et discrète, saura traverser l'épreuve du temps».* En écho aux rails et à la dynamique des flux, des fentes horizontales découpent les volumes en proportions adaptées aux besoins en lumière naturelle. Une couverture translucide fait le lien entre ces bâtiments et protège les espaces extérieurs.

Pour le confort environnemental, des espèces arbustives typiques des rives de la Loire sont plantées entre le centre technique et la ville, tandis qu'une faille végétale nord-sud articule espace public, parking, accueil et aire logistique. Au-delà d'une bonne réponse fonctionnelle et économique, le projet garantit des conditions de travail optimales grâce à une étude poussée sur la lumière naturelle, la thermique, la sécurité et l'ergonomie des postes de travail et l'ensemble architectural reflète la technicité d'un équipement public de haut niveau pour les métropolitains qui l'aperçoivent du train ou de la route, valorisant les agents d'exploitation en exposant leur outil de travail.

1 — ATELIER
2 — RANGEMENTS
3 — SANITAIRES
4 — ACCUEIL RÉPARATIONS
5 — MAGASIN PIÈCES DÉTACHÉES
6 — BUREAU
7 — LOCAL TECHNIQUE STATION DE LAVAGE
8 — LOCAL DÉCHETS
9 — STATION DE LAVAGE POUR CAMION
10 — HALL D'ENTRÉE
11 — VESTIAIRES
12 — DOUCHES
13 — LOCAL TECHNIQUE
14 — INFIRMERIE
15 — POINT D'INFORMATION ET DÉTENTE
16 — PARKING CAMIONS
17 — PARKING SALARIÉS

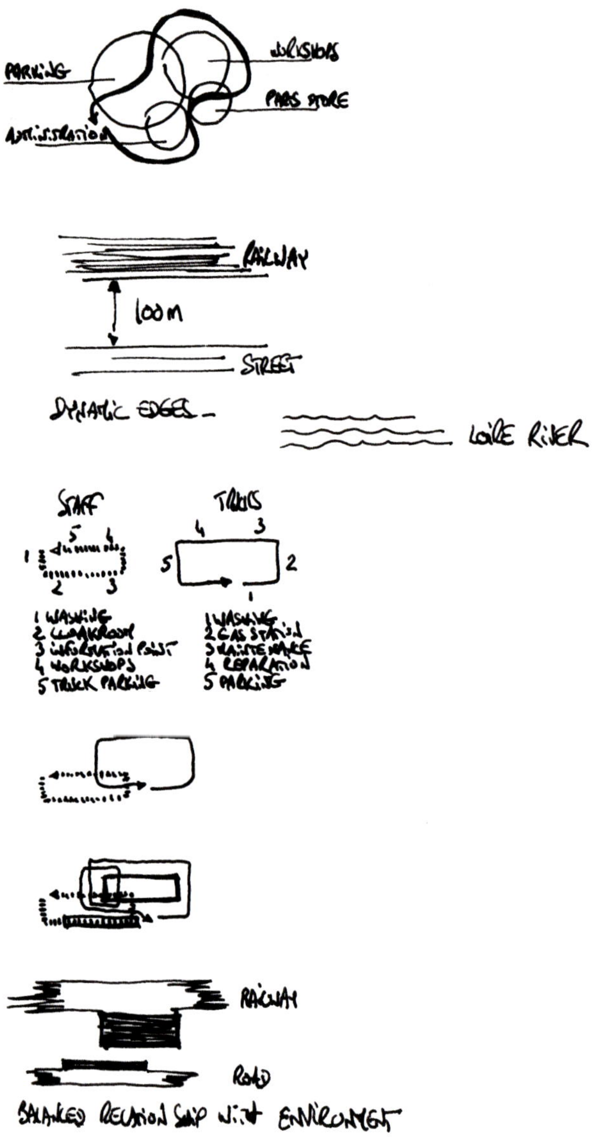

CROQUIS D'INTENTION

PLAN D'ÉTAGE COURANT

ÉLÉVATION SUD-EST CÔTÉ RUE

1

2

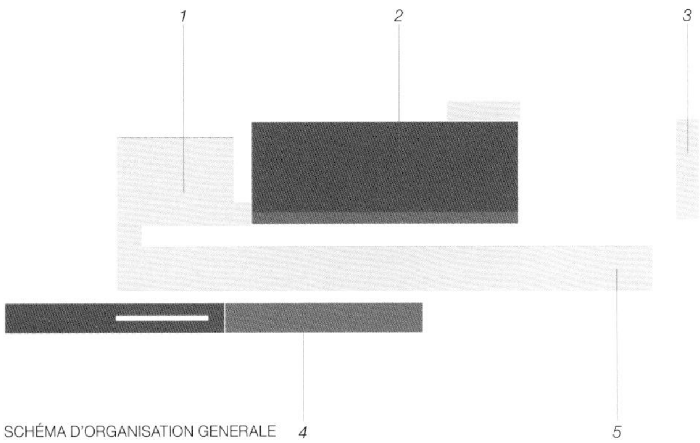

SCHÉMA D'ORGANISATION GENERALE

1 — PARKING COUVERT
2 — ATELIER
3 — STATION ESSENCE
4 — BUREAUX
5 — STATION DE LAVAGE POIDS LOURDS

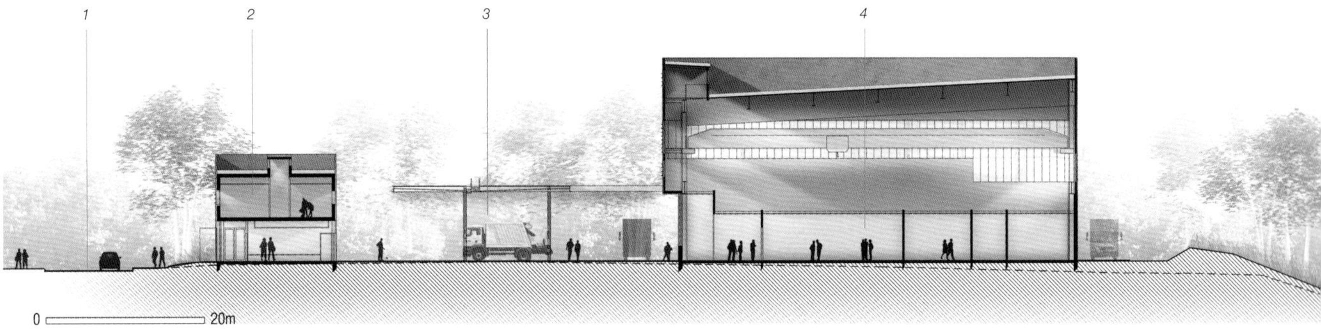

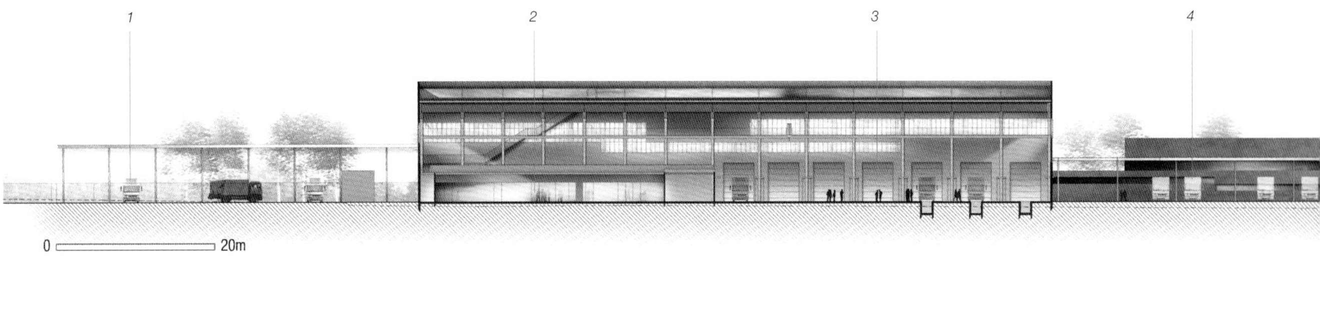

3

4

1 chantier : pose du bardage
2 détail de façade
3 ossature métallique dans le couchant
4 ballet des grues

1 — ACROTÈRE
2 — BARDAGE EN TÔLE D'ACIER CORTEN PLIÉES
3 — ISOLATION
4 — PAR-VAPEUR
5 — CHASSIS ALUMINIUM LAQUÉ
6 — BRISE-SOLEIL EN ACIER CORTEN
7 — SOUS-FACE EN TÔLES CORTEN PLIÉES
8 — POTEAU ACIER LAQUÉ

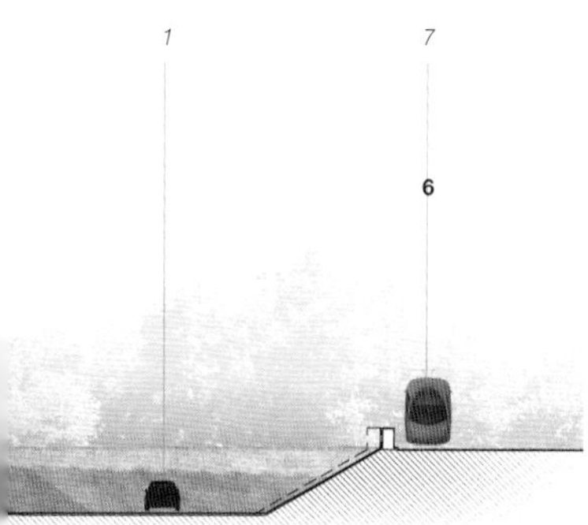

COUPE TRANSVERSALE SUR L'ATELIER

1 — ROUTE
2 — BUREAUX
3 — PARKING POIDS LOURDS
4 — MAGASIN
5 — CHEMIN PIÉTON
6 — VOIE FERRÉE

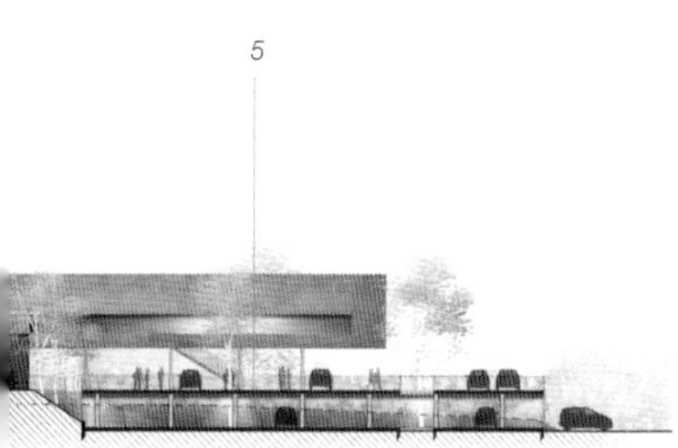

COUPE LONGITUDINALE SUR L'ATELIER

1 — STATION DE LAVAGE POIDS LOURDS
2 — MAGASIN
3 — ATELIER
4 — PARKING POIDS LOURDS
5 — PARKING DU PERSONNEL

DETAIL FAÇADE : CÔTÉ RUE

1

1, 2, 3, chantier

4 façade sur rue : 2 volumes en glissement l'un sur l'autre contenant l'accueil, l'administration et les vestiaires

2

3

4

maison beloti

ARRADON

1

page précédente enveloppe de verre et de béton dans la lumière du matin
1 le site dans les premiers rayons du matin
2 crépuscule printanier

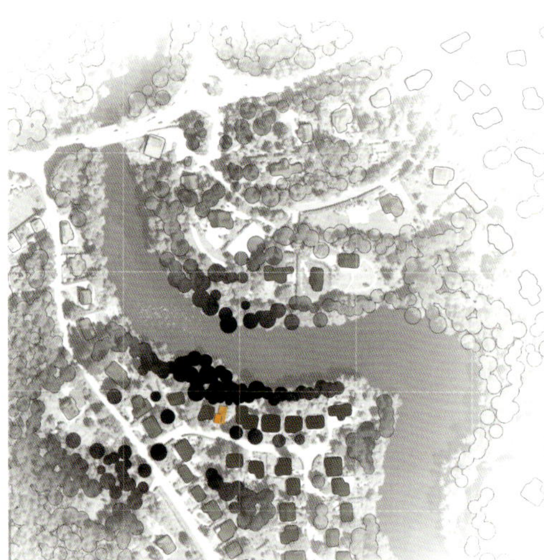

2

PROGRAMME : Maison familiale / **SURFACE :** 240 m² / **PARFAIT ACHEVEMENT :** 2013

La maison beloti abrite une famille de cinq personnes au cœur de l'agglomération vannetaise. Elle est sise dans un espace protégé en bordure d'une rivière se jetant tout près dans le Golfe du Morbihan, dans un paysage cyclique suivant donc le cours des marées. Urbanisé dans les années 1960, le quartier où elle introduit une exception est pavillonnaire et marqué par le style néo-breton. Depuis la rue, le terrain dégringole abruptement vers la rive en formant un talweg et deux bourrelets.

La maison s'appuie sur le premier replat, de niveau avec la rue. Elle accompagne le déroulement de la pente avec un étage inférieur. Suspendu à son ossature métallique, un étage supérieur est posé en équilibre sur le volume allongé en béton du rez-de-chaussée. Un jeu de glissement témoigne du parti-pris général, partagé entre la douceur du soleil au sud et la beauté, mais la froideur, du grand paysage au nord. Très marquée par ces « déhanchements » et par l'abondance des surfaces vitrées, la maison doit d'abord sa silhouette rythmée à l'analyse paysagère qui a permis d'identifier trois strates horizontales, offrant des points de vue et des atmosphères très contrastés : au bord de l'eau, dans les arbres et au-dessus de la canopée. Trois niveaux sont donc définis, très identifiables les porte-à-faux spectaculaires faisant office d'auvent, permettant notamment un réglage fin des entrées de lumière du jour.

A travers ses parcours et sa configuration, la maison qui est inscrite au cœur de l'agglomération et proche du lieu de travail de ses habitants, fonctionne comme un sas physique et temporel. Un sas de décompression pour ralentir et prendre le temps d'observer, de lire, de converser...

1

COUPE LONGITUDINALE

1 — PASSERELLE D'ACCÈS
2 — ENTRÉE
3 — CUISINE
4 — SALON
5 — SALLE DE BAIN
6 — DRESSING
7 — CHAMBRE
8 — SALLE DE JEU
9 — SAUNA
10 — TERRASSE
11 — BUREAU
12 — ATELIER
13 — RANGEMENT
14 — HOME CINÉMA
15 — CAVE À VIN

COUPE TRANSVERSALE

2

3

4

1, 2 maquette expérimentant l'implantation de la maison dans la pente

3 environnement paysager

4 maison néo-bretonne démolie

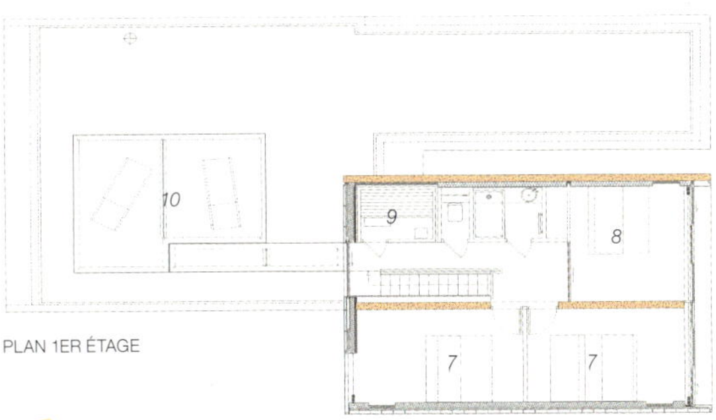

PLAN 1ER ÉTAGE

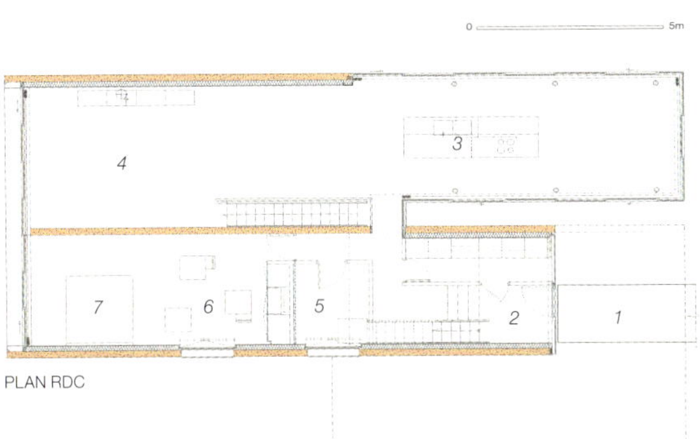

PLAN RDC

CROQUIS D'INTENTION

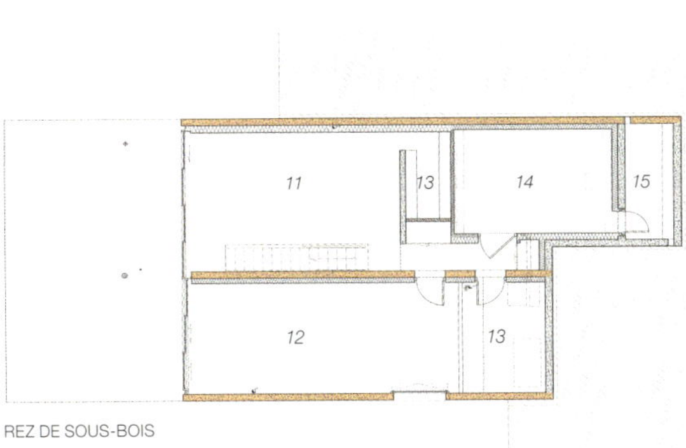

REZ DE SOUS-BOIS

1 — PASSERELLE D'ACCÈS
2 — ENTRÉE
3 — CUISINE
4 — SALON
5 — SALLE DE BAIN
6 — DRESSING
7 — CHAMBRE
8 — SALLE DE JEU
9 — SAUNA
10 — TERRASSE
11 — BUREAU
12 — ATELIER
13 — RANGEMENT
14 — HOME CINÉMA
15 — CAVE À VIN

1

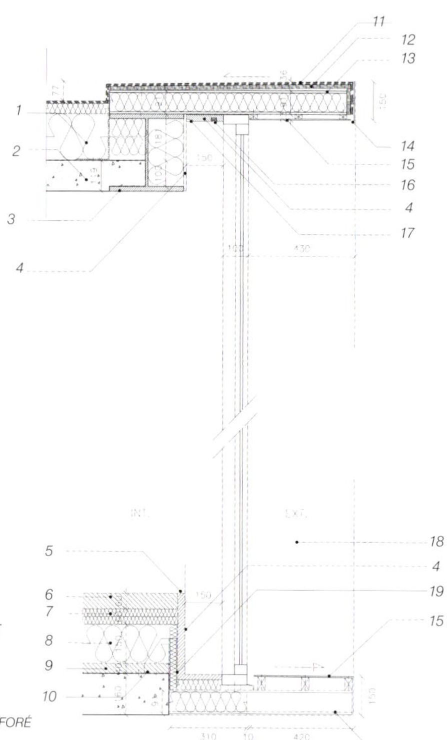

1 — COSTIÈRE TÔLE ACIER
2 — DALLE BÉTON
3 — POUTRE ACIER H PROFIL 300
4 — PANNEAU MDF VERNIS
5 — RABAIS MDF
6 — CHAPE
7 — PLANCHER CHAUFFANT
8 — ISOLATION
9 — PRÉ-CHAPE
10 — SUPPORT
11 — MEMBRANE ÉTANCHE
12 — SUPPORT INTERMÉDIAIRE
13 — POUTRE ACIERH PROFIL 100
14 — FENTE POUR DÉBORDEMENT POTENTIEL D'EAU
15 — TÔLE ACIER
16 — PORTE-RIDEAUX
17 — LUMIÈRE LED
18 — PANNEAU ACIER MICRO-PERFORÉ
19 — PROFIL ACIER

DÉTAIL EN PLAN ET COUPE SUR L'ESCALIER MÉTALLIQUE

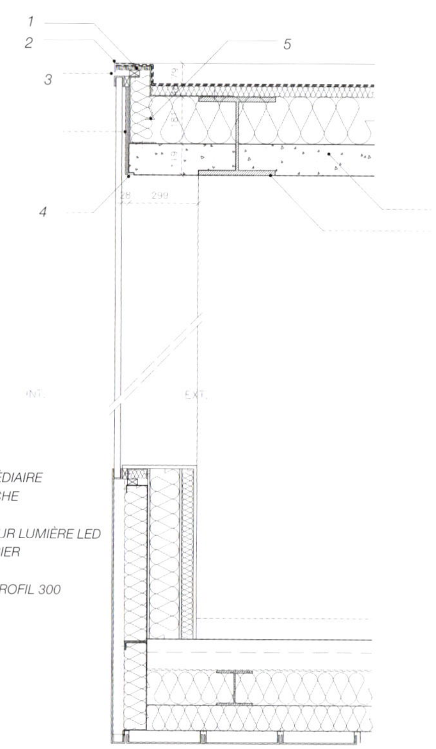

1 — SUPPORT INTERMÉDIAIRE
2 — MEMBRANE ÉTANCHE
3 — JOINT CREUX
4 — RABAIS BÉTON POUR LUMIÈRE LED
5 — COSTIÈRE TÔLE ACIER
6 — DALLE BÉTON
7 — POUTRE ACIER H PROFIL 300

DÉTAIL EN COUPE SUR LA FAÇADE NORD DE L'ÉTAGE DES ENFANTS

1 façade sur rue : étage des enfants, entrée et espace cuisine
2 démolition de la maison néo-bretonne
3 voile de béton en construction
4 future chambre
5 voiles béton structurants
6 scène de chantier
7 futur bureau
8 depuis la toiture bassin, perché dans la ramure des pins

2

3

4

5

6

7

8

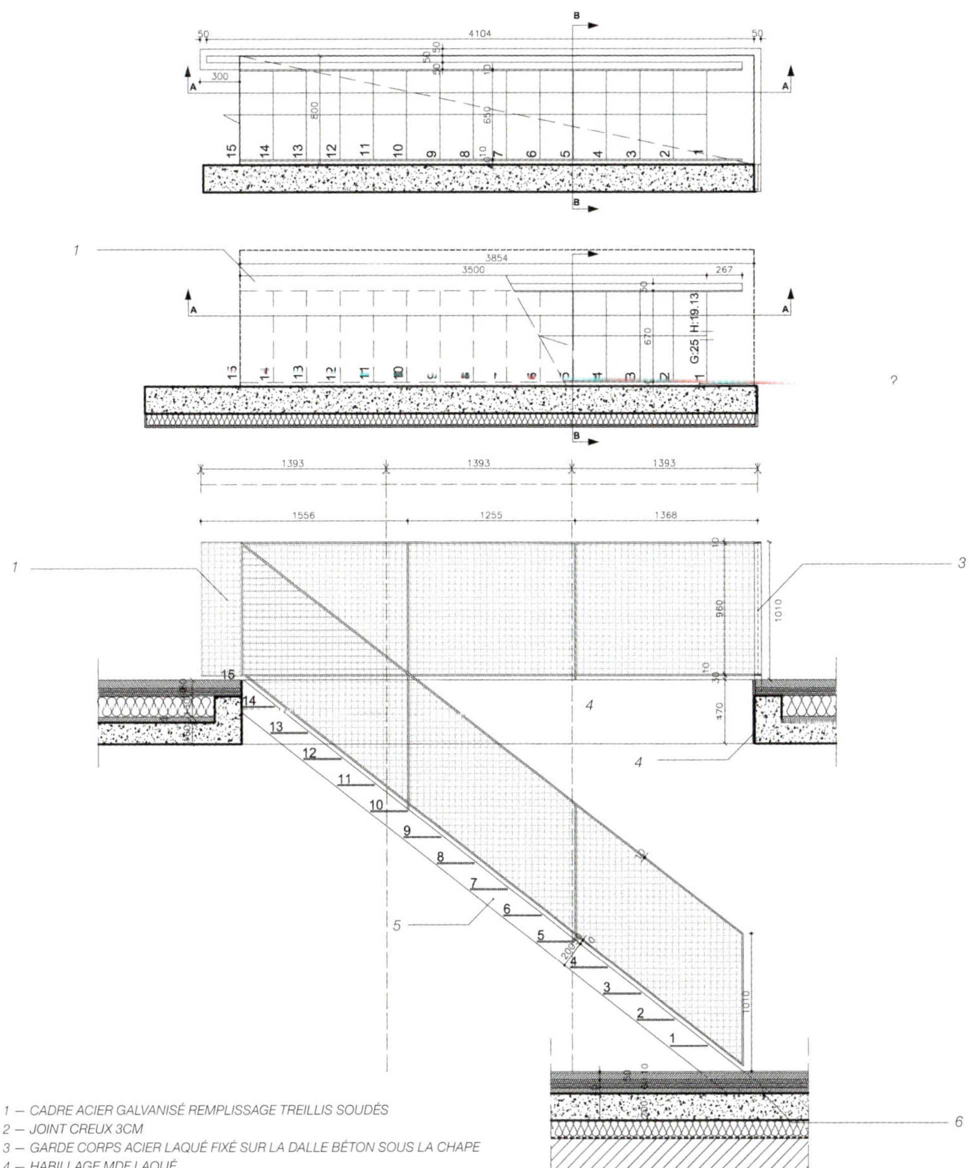

1 – CADRE ACIER GALVANISÉ REMPLISSAGE TREILLIS SOUDÉS
2 – JOINT CREUX 3CM
3 – GARDE CORPS ACIER LAQUÉ FIXÉ SUR LA DALLE BÉTON SOUS LA CHAPE
4 – HABILLAGE MDF LAQUÉ
5 – LIMON PLAT ESCALIER
6 – FIXATION DU PLAT ACIER DANS LA DALLE BÉTON

DÉTAIL EN COUPE SUR LA FAÇADE NORD DU SALON

ÉLÉVATION NORD

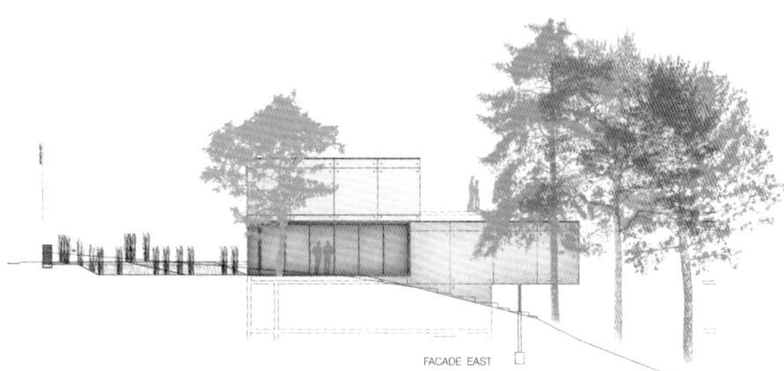

ÉLÉVATION EST

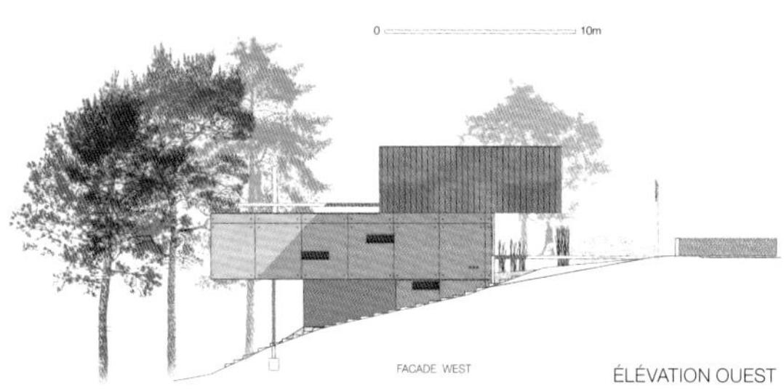

ÉLÉVATION OUEST

ÉLÉVATION SUD

1

2

1 optimisation des cadrages par déhanchements des éléments du programme
2 passerelle d'entrée, sous l'étage des enfants

1

1 plein phare sur le paysage
2 intérieur : espace cuisine à travers le salon
3 intérieur : espace cuisine
page suivante : bras du Golfe du Morbihan à travers l'espace bureau

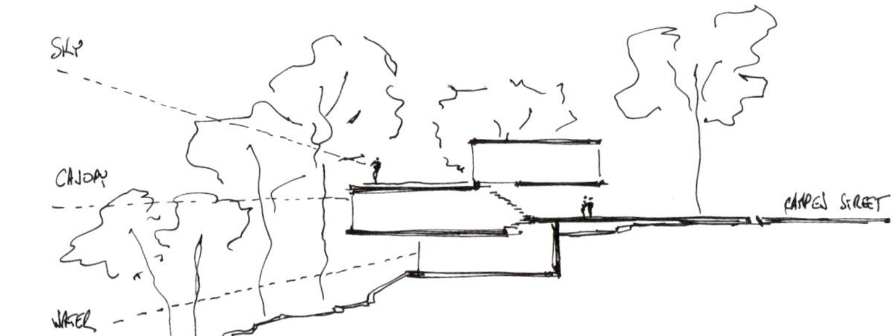

CROQUIS D'INTENTION

2

3

1 étage des enfants, entrée et espace cuisine
2 angle nord est : espace cuisine, bureau et salon
3 volume lumineux et masse sombre
page suivante bureau, salon, chambre et étage des enfants

1

2

3

face à la loire

NANTES

page précédente 3 volumes élancés marquent le début de la rue René Viviani
1 façade nord : l'élancement comme stratégie pour exister entre la voie ferroviaire et un boulevard

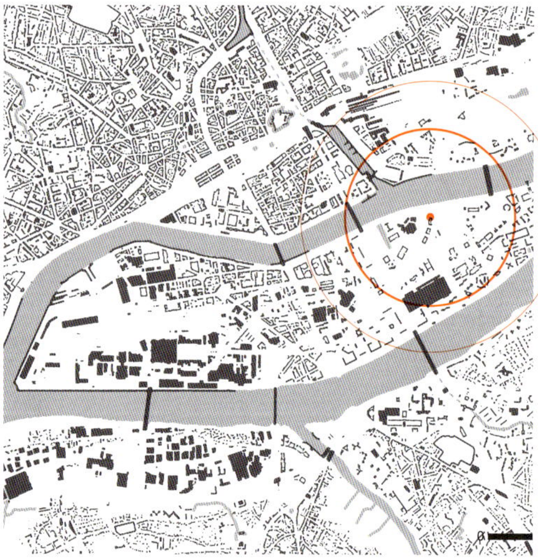

1

PROGRAMME : 85 logements, bureaux et services / **SURFACE :** 5805 m² / **CONCOURS :** 2012

Le dialogue exigeant qui devait s'instaurer entre cet immeuble proue et les autres composantes architecturales qui structurent le paysage des quais de la Loire à Nantes n'aura pas lieu. Le projet consistait en trois éléments verticaux filiformes reliés par des passerelles et un soubassement horizontal destiné à accueillir les halls d'entrée aux résidences, une importante clinique vétérinaire et des locaux commerciaux. Les appartements étaient conçus pour le meilleur confort des habitants, tous à double ou triple orientation. Les pièces à vivre bénéficiaient de vues dégagées. Au nord, les séjours, éclairés par l'est ou l'ouest, se prolongeaient par un espace hybride tenant lieu de jardin d'hiver ou de loggia selon la saison.

L'emprise au sol des trois tours siamoises était d'autant plus réduite que la plus haute était montée sur pilotis. Ainsi « la faille associée au passage, constituait une double porte ouverte sur la Loire et sur l'ile Beaulieu, marquant clairement le seuil du quartier », un signal face au pont Willy Brandt, reflétant la complexité et la richesse de cette entrée de ville. Les trois tours de logements n'étaient pas prévues pour atteindre la même hauteur. Elles étaient également différenciées chromatiquement et par le choix des matériaux de façade. Métaphore du commerce du bois qui transite par le fleuve, le volume principal était vêtu de lames de peuplier. L'association du béton poli, de vitrages teintés noir, et d'une lasure brillante, apportait l'unité requise dans le contexte.

Au-delà de la réalisation de 85 logements exceptionnels, touching the Loire s'exprimait à travers une architecture sculpturale et dynamique, reflétant la complexité et la richesse d'une métropole « fluviale » en pleine mutation.

CROQUIS D'INTENTION

1 — LOGEMENT
2 — BUREAUX
3 — CLINIQUE VETERINAIRE
4 — HALL
5 — VOIES FERROVIAIRES
6 — ACCES A LA CLINIQUE
7 — RUE VIVIANI

COUPE TRANSVERSALE ENTRE LA VOIE FERROVIAIRE ET LE BOULEVARD

1 — NOYAU DE CIRCULATION
2 — T2
3 — T3
4 — T4
5 — T5
6 — LOCAL COMMERCIAL
7 — TERRASSE
8 — SALON
9 — CUISINE
10 — CHAMBRE
11 — SALLE DE BAIN
12 — ENTRÉE

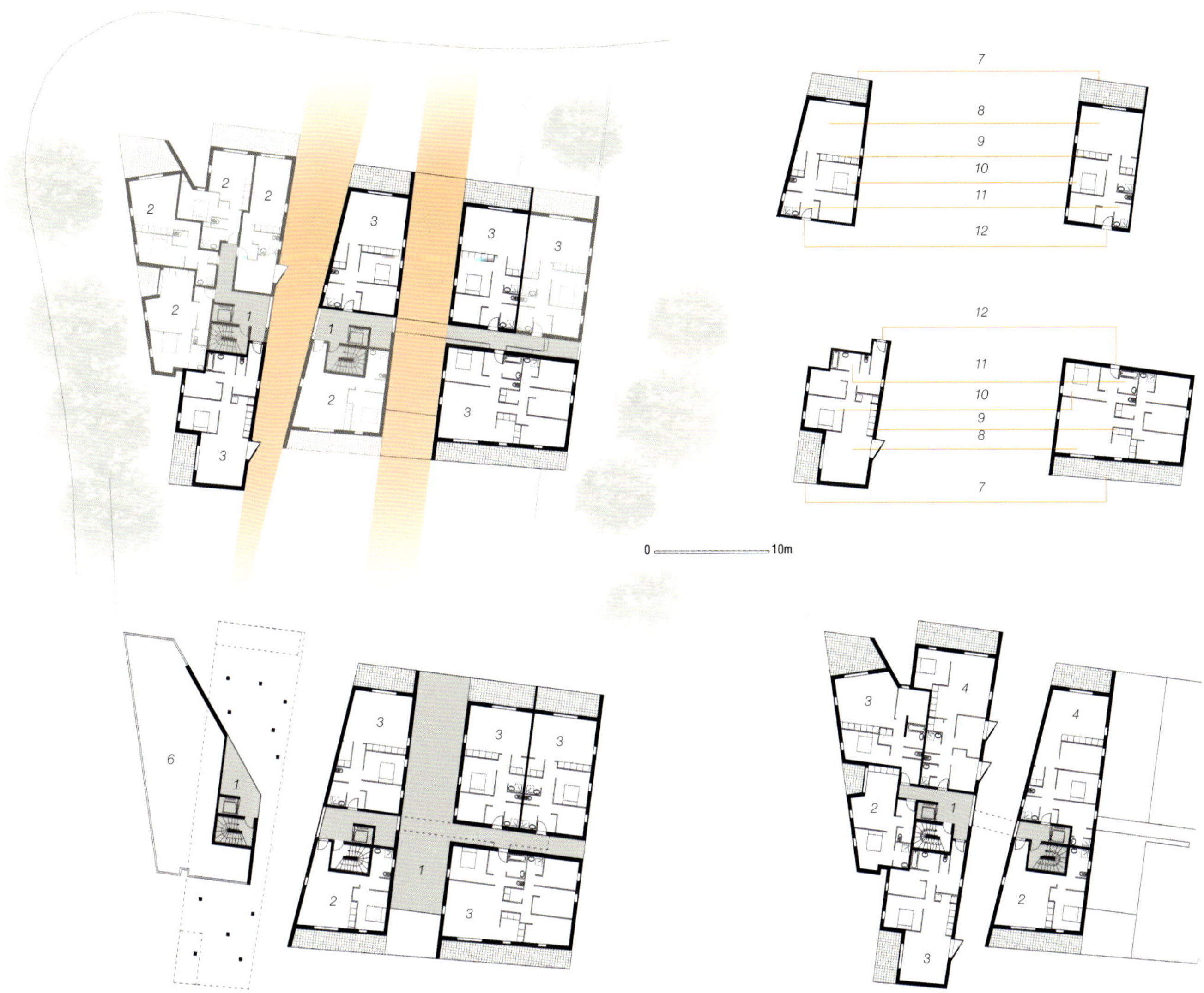

EXTRAITS DES PLANS D'ÉTAGES

1

2

1 vue depuis la terrasse d'un appartement vers le coeur historique de Nantes

2 entre les halls d'entrée

3 façade sur rue : la clinique vétérinaire et le passage piéton entre les tours crée un carrefour animé

3

à quai

AMBON

page précédente cinq belvédères donnant sur le bocage
1 façade urbaine : cinq volumes en bois ancrés dans un quai pavé

1

PROGRAMME : Mairie et espaces publics / **SURFACE :** 610 m² / **PARFAIT ACHEVEMENT :** 2013 / **PERFORMANCE ENERGETIQUE :** Certification BBC

Le choix atypique d'implanter la Mairie en entrée de bourg est assumé dans la gestion d'un travail sur la lisière que dévoile la construction.

Dernière réalisation en limite de la zone urbanisable, la mairie vient ponctuer cette frange sensible qui existe en bordure d'un espace naturel remarquable. Disposés sur un socle qui assure la transition franche entre le naturel et l'urbain, métaphore trop simpliste du « quai » face à un « océan vert », les volumes fragmentés s'inscrivent avec élégance et amabilité dans le paysage. Le choix d'une construction entièrement réalisée en ossature bois, et habillée de lames de peuplier rétifié ne laisse planer aucun doute sur la fusion entre les deux univers.

On ne sait en la regardant de quel côté s'expose la mairie. L'entrée du public est tournée vers le bourg ancien, devant une façade introvertie, entièrement recouverte de bardage pour mieux protéger l'exercice de la fonction, peut-être ? Mais davantage pour défendre les locaux de l'exposition sud. Le parvis et les aménagements de voirie accréditent, de ce côté, le caractère urbain de la composition. Au nord, face à la nature qui se découvre, face aux grandes éoliennes qui signent la sensibilité environnementale de la municipalité, les volumes de bois et de verre s'ouvrent largement et délicatement. C'est avec scrupule que chacune des cinq « boîtes », qui accueillent respectivement les services accessibles au public, est suspendue en porte-à-faux au-dessus de la zone humide naturelle qu'elle n'altère pas en contrebas. La salle du conseil et des mariages, à l'opposé des espaces d'accueil pour mieux préserver la tranquillité des délibérations, est accessible et autonome. Elle dispose d'un « ponton » qui assure avec légèreté la jonction avec l'espace naturel.

1 entrée de la mairie au premier plan et l'arbre à palabre au fond

1 — HALL D'ENTRÉE
2 — ACCUEIL
3 — SERVICES DE LA COMMUNICATION
4 — SERVICE AUX JEUNES
5 — BUREAU DU CCAS
6 — SECRÉTARIAT
7 — REPROGRAPHIE
8 — BUREAU DE L'ADJOINT
9 — SECTION COMPTABILITÉ
10 — DIRECTEUR GÉNÉRAL DES SERVICES TECHNIQUES
11 — BUREAU DU MAIRE
12 — SALLE DU PERSONNEL
13 — SALLE DE RÉUNION
14 — CHAMBRE DU CONSEIL
15 — SANITAIRES
16 — LOCAL SERVEUR INFORMATIQUE
17 — LOCAL MÉNAGE
18 — VESTIAIRE

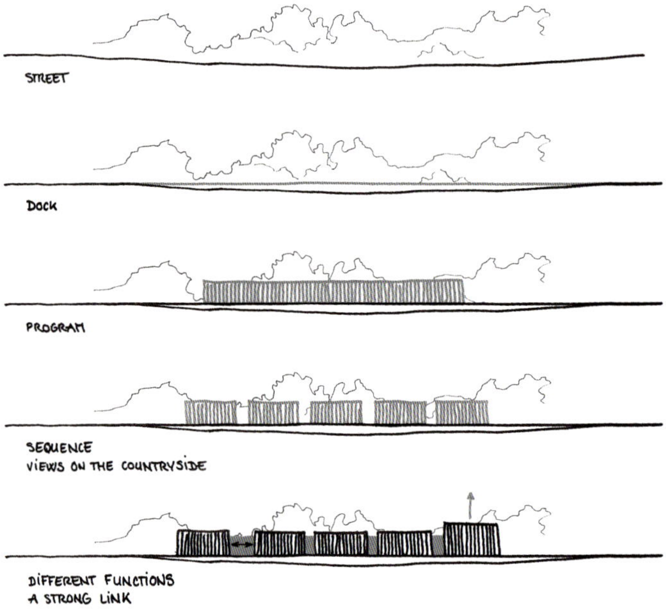

CROQUIS D'INTENTION

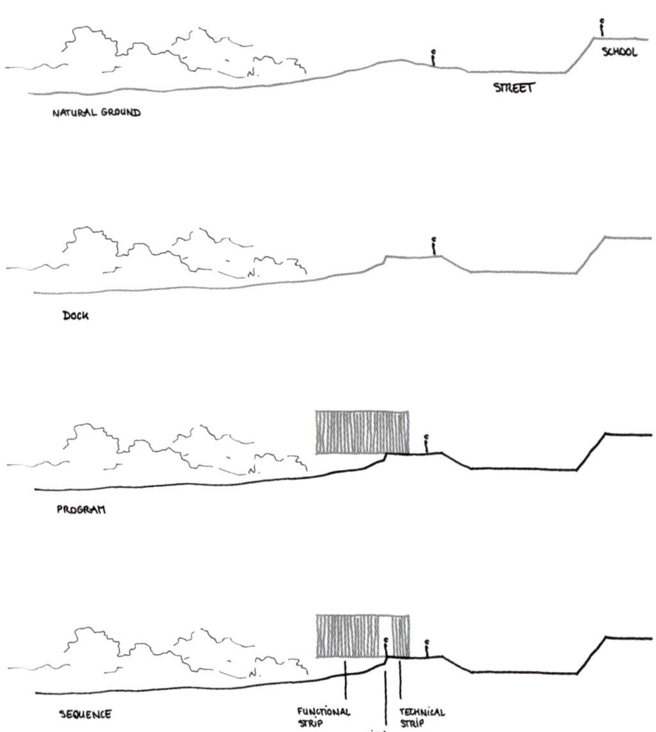

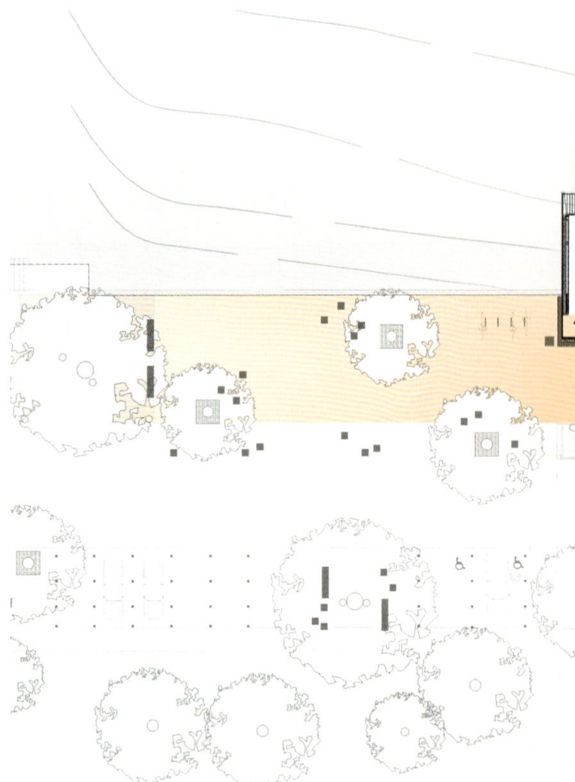

1

PLAN D'ÉTAGE COURANT

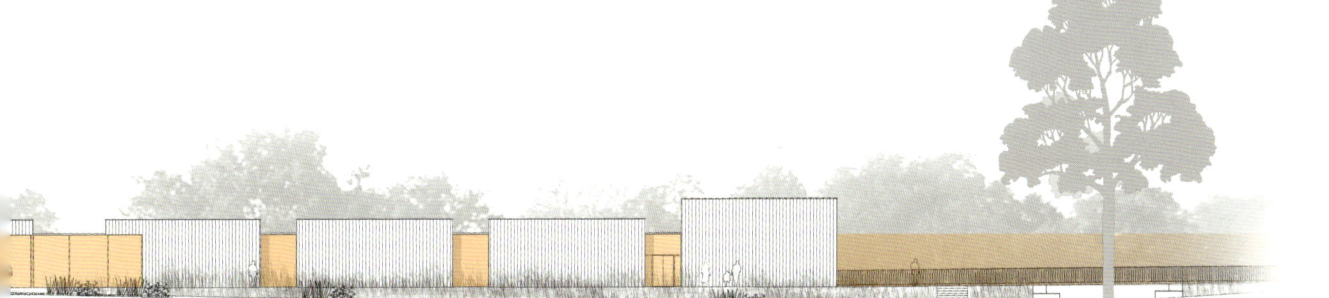

ÉLÉVATION SUD OUEST

1,2,3 l'arbre à palabres comme symbole fédérateur

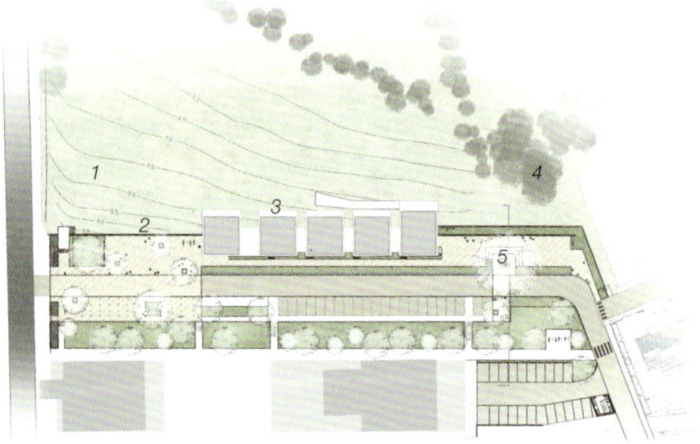

PLAN PAYSAGE

1 — L'ESPACE PAYSAGER AVEC DES NOUVEAUX USAGES. LES FONCTIONS « TRADITIONNELLES » (PROTECTION, ESTHÉTIQUE, ETC) MAIS AUSSI SOCIALES

2 — L'ARBRE DE BIENVENUE. POINT D'ARTICULATION ENTRE LE PARVIS ET LA ZONE NATURELLE, L'ARBRE PONCTUE L'ENTRÉE DU BOURG.

3 — LE PARVIS. LIEN ENTRE LA CAMPAGNE ET L'AGGLOMÉRATION, LA MAIRIE ET L'ÉCOLE. UN PARVIS MULTI-USAGES: EXPOSITIONS, DISCOURS, COURS POUR LES ENFANTS, PROMENADE-BELVÉDÈRE.

4 — L'ARBRE A PALABRES. L'ARBRE UNIQUE GÉNÈRE UN ESPACE DE RENCONTRE. LE PIED DE L'ARBRE COMME ÉLÉMENT CENTRAL DE LA COMPOSITION URBAINE.

5 — L'ARBRE AUX ENFANTS. COURS DE JARDINAGE POUR LES ENFANTS AU PIED DE L'ARBRE. DES BANCS QU'ALLIENT PROTECTION ET CONVIVIALITÉ.

1

2

3

1 – L'ARBRE A PALABRES
2 – QUAI URBAIN
3 – SALLE DES MARIAGES
4 – PRAIRIE
5 – HAIE BOCAGERE

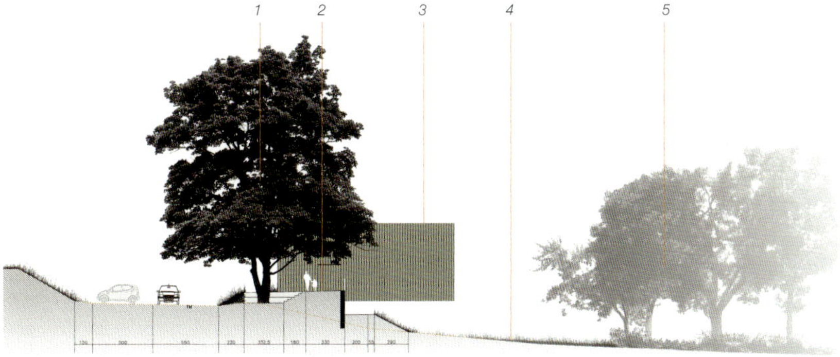

COUPE PAYSAGE

3

4

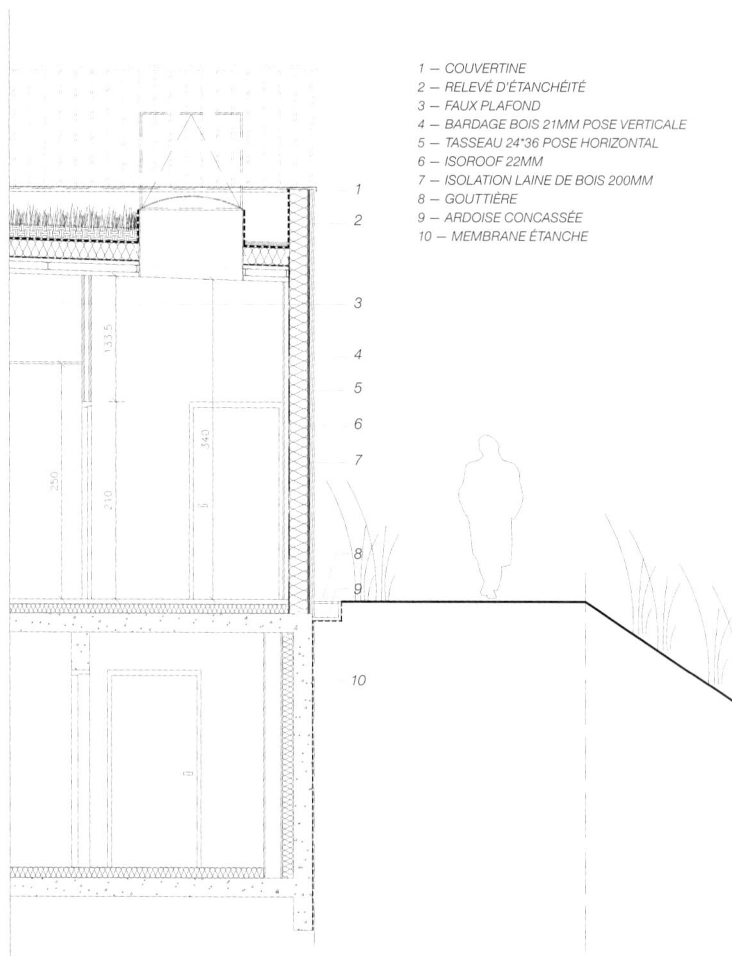

DÉTAIL EN COUPE SUR LA FAÇADE URBAINE

1 façade urbaine montrant la patine du revêtement bois

2 vue sur le bocage à travers l'accueil

3,4 photos de la construction

5 chambre du conseil

1

2

COUPE TRANSVERSALE

5

1 façade nord côté bocage : 5 volumes flottant sur la prairie

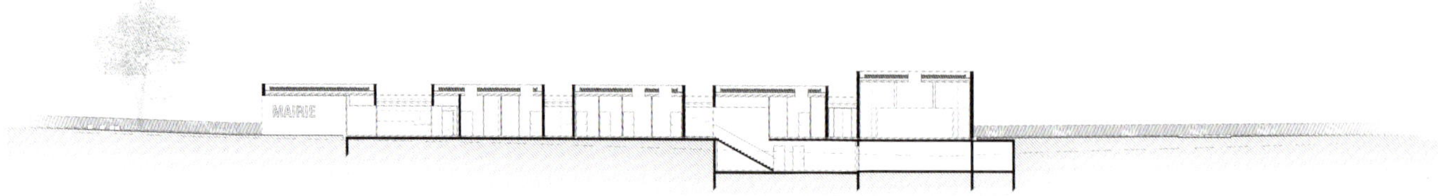

COUPE LONGITUDINALE

1

ÉLÉVATION NORD

1

1 accès à la prairie
2 intégration paysagère

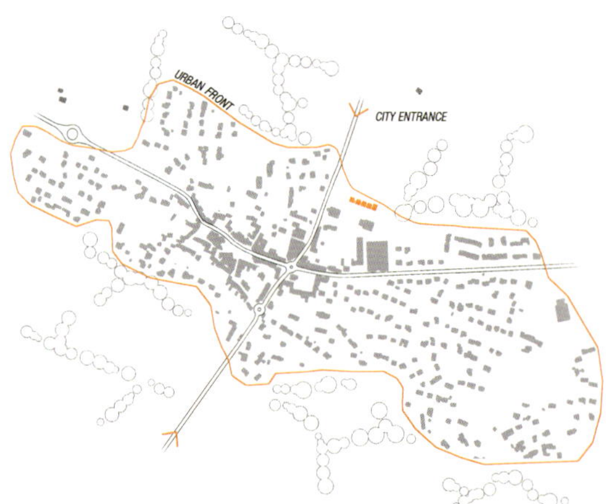

DÉMARCHE VISANT À CONTRÔLER L'IMAGE D'ENTRÉE DE VILLE

2

le prix du temps

VANNES

page précédente de la matière à la modénature
1 les ailes du château

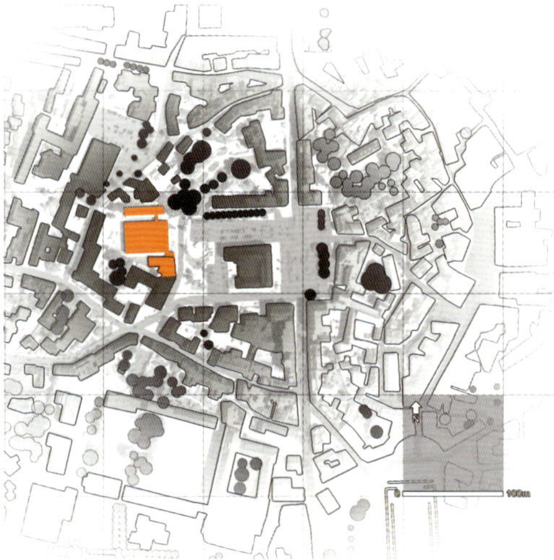

1

PROGRAMME : réhabilitation et extension du Palais de Justice / **SURFACE :** 3790 m² / **PARFAIT ACHEVEMENT :** 2012

Pas moins de dix années pour finaliser les extensions et la restructuration du Palais de Justice de Vannes.

Les architectes ont remis en cause le schéma directeur élaboré dès 2001, et qui projetait des extensions sur la partie arrière du site. Au lieu de cela, les ajouts viennent s'intercaler avec délicatesse entre les bâtiments historiques du Palais de Justice avec lesquels ils recomposent, dans un jeu d'opacités et de transparences, une scène urbaine. La discrétion est de mise dans un exercice consistant à accompagner pour mieux l'exacerber le classicisme de l'édifice datant du XIXe siècle, œuvre de l'architecte Eugène Hawke et pièce familière de l'un des espaces publics les plus fréquentés de Vannes, la place de la République. La simplicité de l'écriture architecturale qui s'exprime ici grâce à l'utilisation des voiles béton, du verre et de l'acier repose sur le juste équilibre à même de rassurer le justiciable quand il franchit le seuil du palais.

Un projet complexe réalisé en site occupé, évoluant au fil des modifications de la Charte Judiciaire en France visant à améliorer « l'accès à la justice ». Il comportait la réalisation d'une aile destinée aux affaires familiales, la réalisation d'un espace d'accueil commun à toutes les juridictions pour orienter, filtrer et effectuer en un même lieu les actes divers de procédure. Enfin la requalification des salles d'audience et de la salle d'assises, l'âme et le cœur du Palais de Justice. Dans une ambiance lumineuse, que révèle le travail scrupuleux de panneautage perforé et acoustique réalisé en acier laqué, le mobilier conçu par les architectes et complètement adapté à chacune des salles est réalisé en panneau de médium, lasuré laqué.

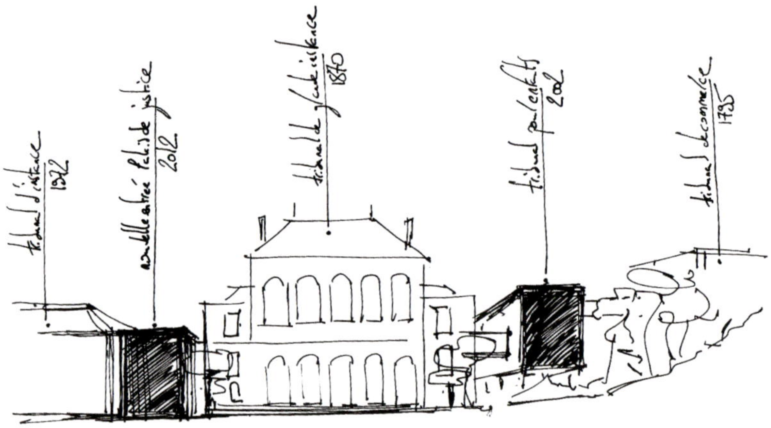

CROQUIS D'INTENTION

1 la Place de la République et le Palais de justice en 1905...
2 la salle d'audience après travaux de restructuration des années 70

1

2

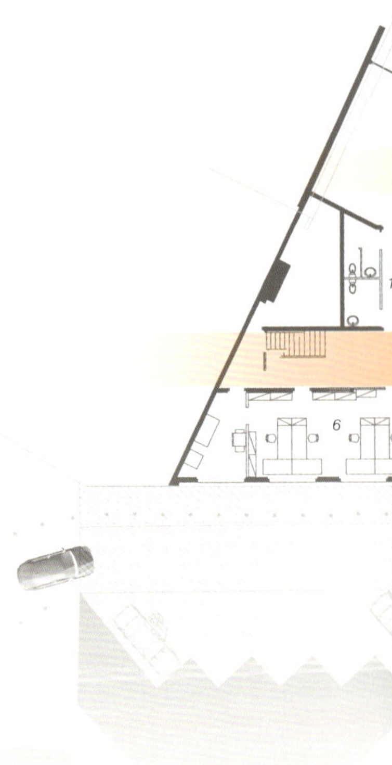

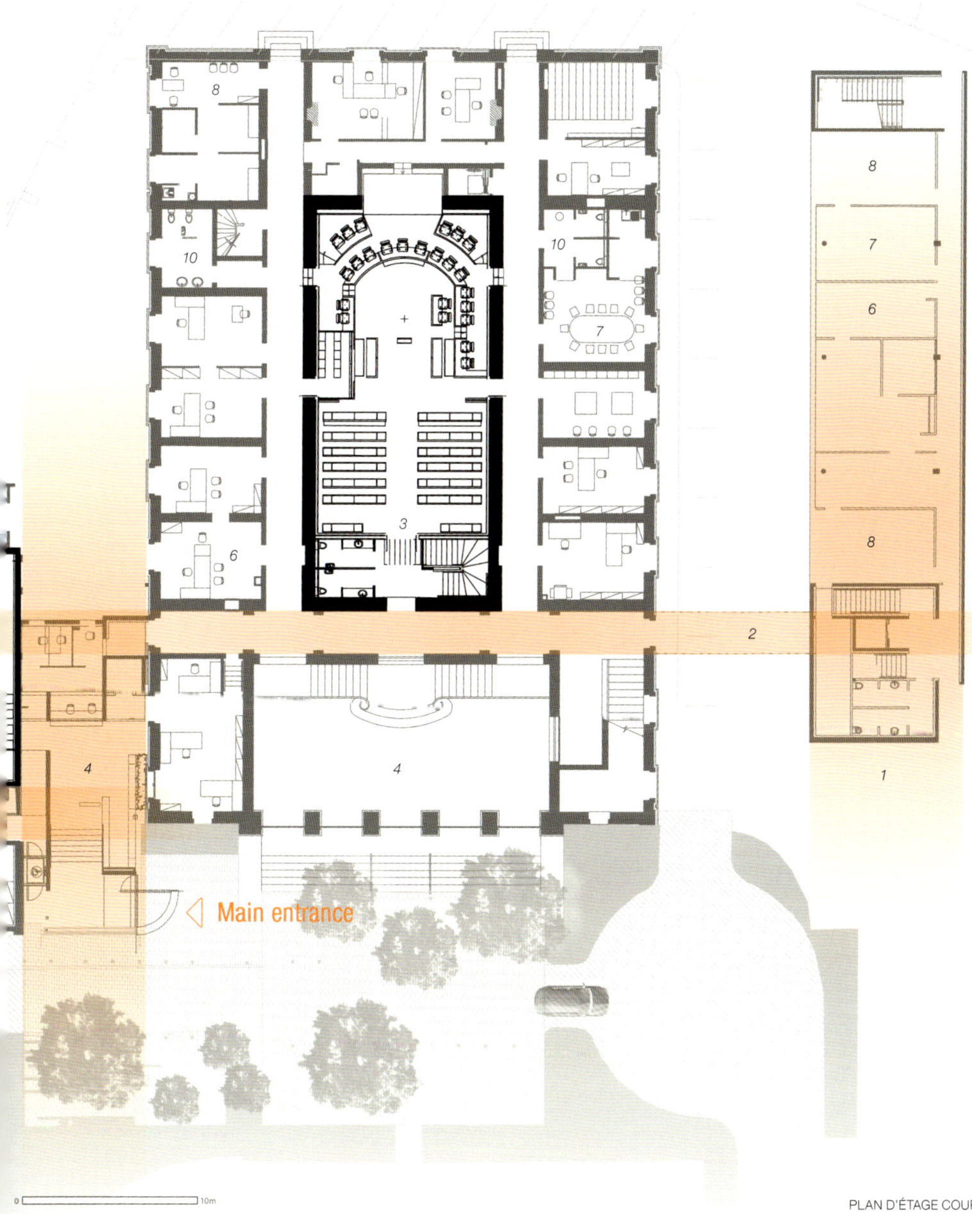

1 – TRIBUNAL POUR MINEUR
2 – PASSERELLE PIÉTONNE
3 – SALLE D'AUDIENCE PRINCIPALE
4 – SALLE DES PAS PERDUS
5 – SALLE D'AUDIENCE POUR MINEUR
6 – BUREAU
7 – SALLE DE RÉUNION
8 – SALLE D'ATTENTE
9 – SALLE DE REPOS
10 – SANITAIRES
11 – RANGEMENTS

PLAN D'ÉTAGE COURANT

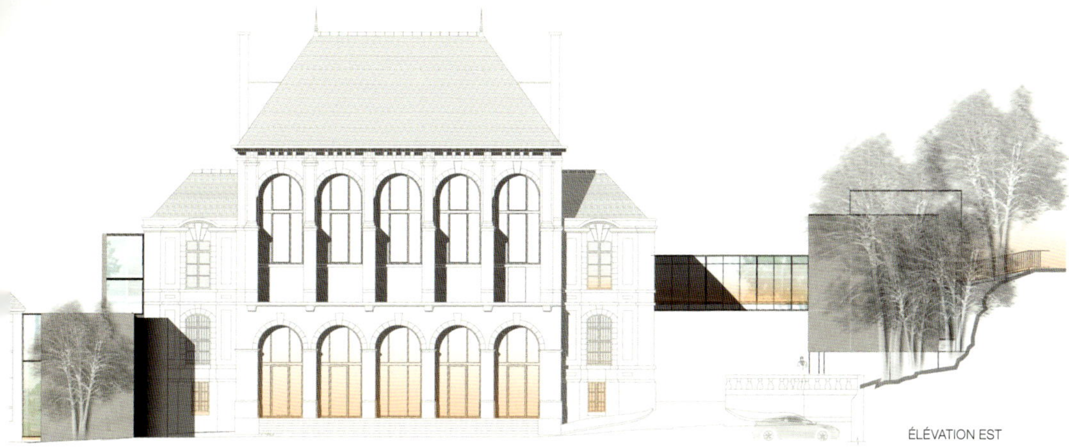

ÉLÉVATION EST

1

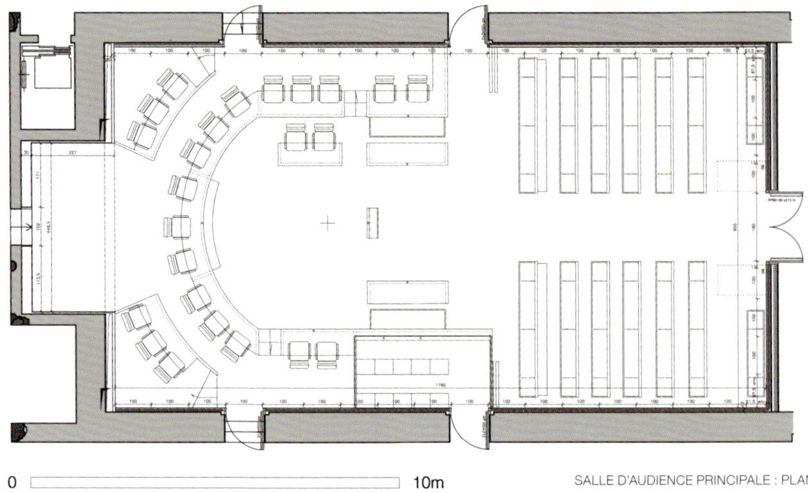

SALLE D'AUDIENCE PRINCIPALE : PLAN

A — PANNEAUX ACOUSTIQUES PERFORÉS
B — PARQUET
C — REVÊTEMENT DE SOL EN CAOUTCHOUC
D — PEINTURE SUR PLÂTRE

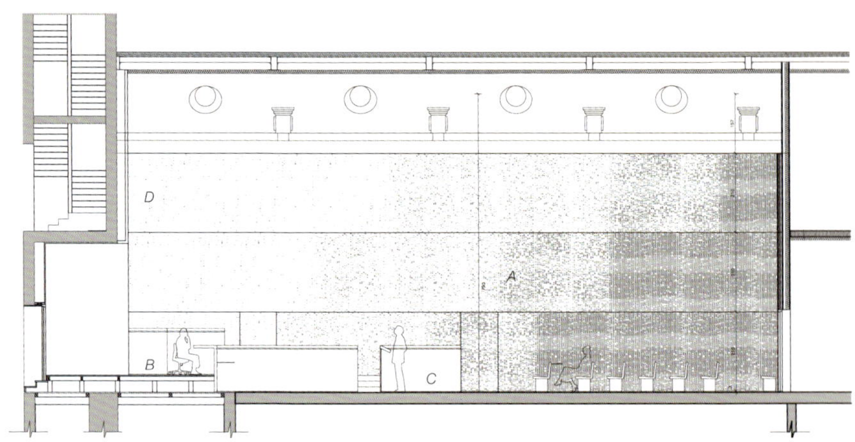

SALLE D'AUDIENCE PRINCIPALE : COUPE TRANSVERSALE

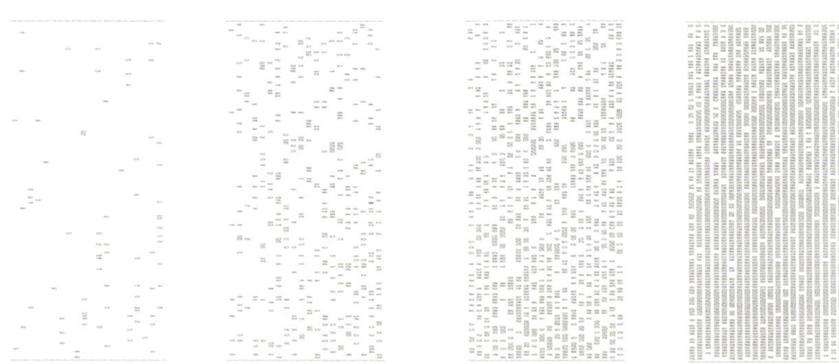

PANNEAUX ACOUSTIQUES EN MÉTAL

1 chantier : démolition
2 connexion architectonique
3 prototype d'un banc

2

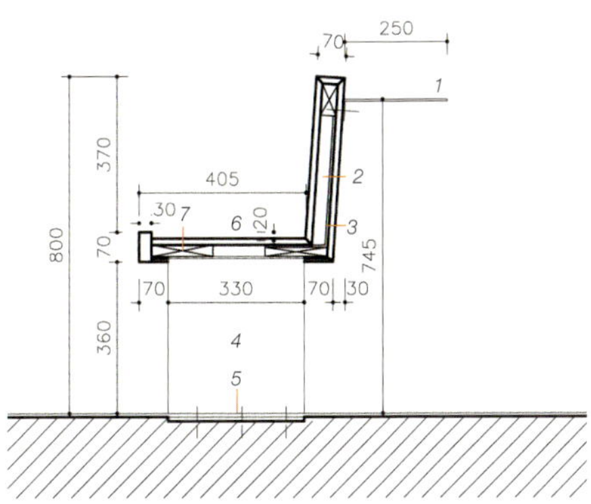

DÉTAIL D'UN BANC

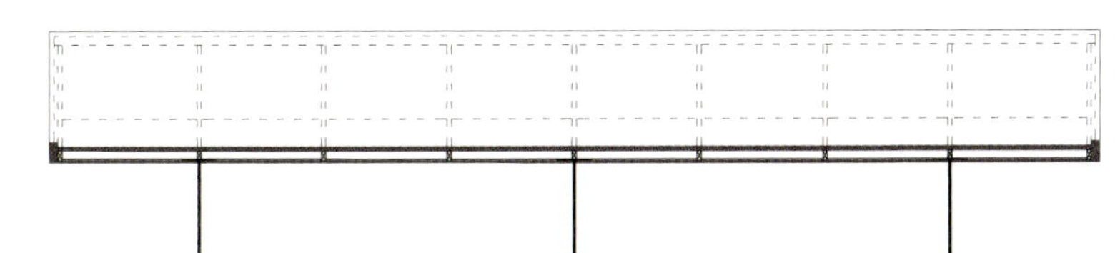

3

PALAIS DE JUSTICE
22
PALAIS DE JUSTICE
HORAIRES D'OUVERTURE
← Entrée
BOITE AUX LETTRES

1

PALAIS DE JUSTICE

2

3

1 entrée secondaire
2 matière et modénature
3 passerelle au-dessus du hall d'entrée secondaire
page suivante salle d'audience principale. la force du mobilier noir contraste avec l'architecture blanche

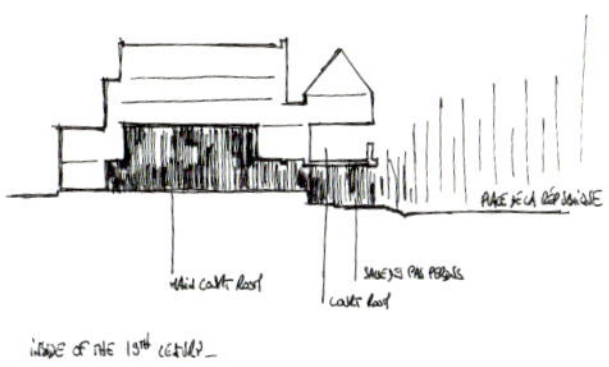

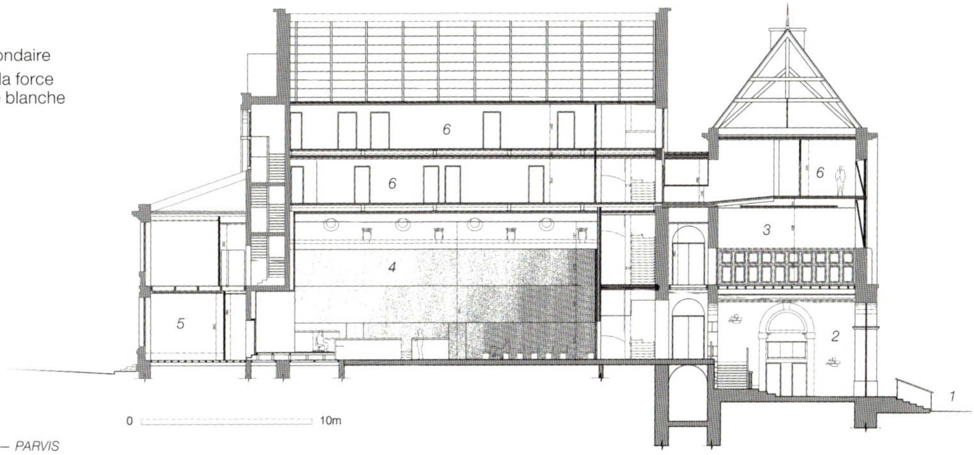

1 – PARVIS
2 – SALLE DES PAS PERDUS
3 – SALLE D'AUDIENCE MOYENNE
4 – SALLE D'AUDIENCE PRINCIPALE
5 – PETITE SALLE D'AUDIENCE
6 – BUREAU

COUPE GÉNÉRALE À TRAVERS LE HALL ET LA SALLE D'AUDIENCE PRINCIPALE

1 – SALLE DES PAS PERDUS
2 – SALLE D'AUDIENCE MOYENNE
3 – BUREAU
4 – BIBLIOTHÈQUE
5 – HALL SECONDAIRE
6 – ASCENSEUR
7 – PASSERELLE
8 – TRIBUNAL POUR MINEURS

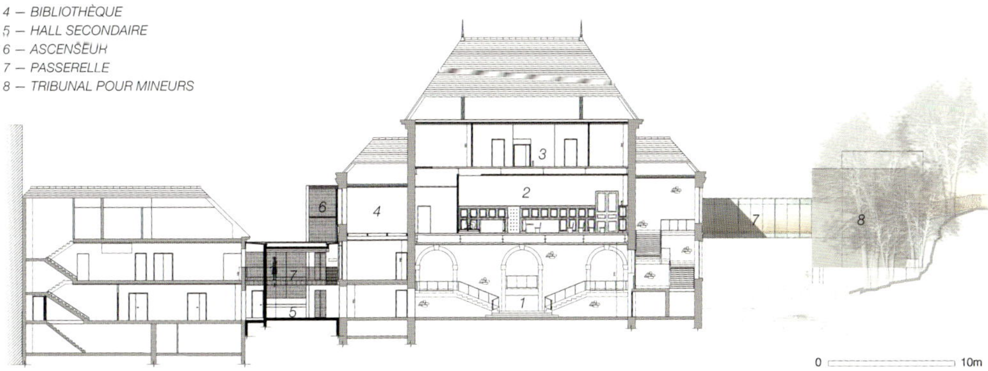

COUPE GÉNÉRALE À TRAVERS LES HALLS D'ENTRÉE PRINCIPAL ET SECONDAIRE

1 – ENTRÉE
2 – SALLE DU GARDE
3 – HALL D'ENTRÉE
4 – ACCUEIL
5 – PASSERELLE
6 – ASCENSEUR

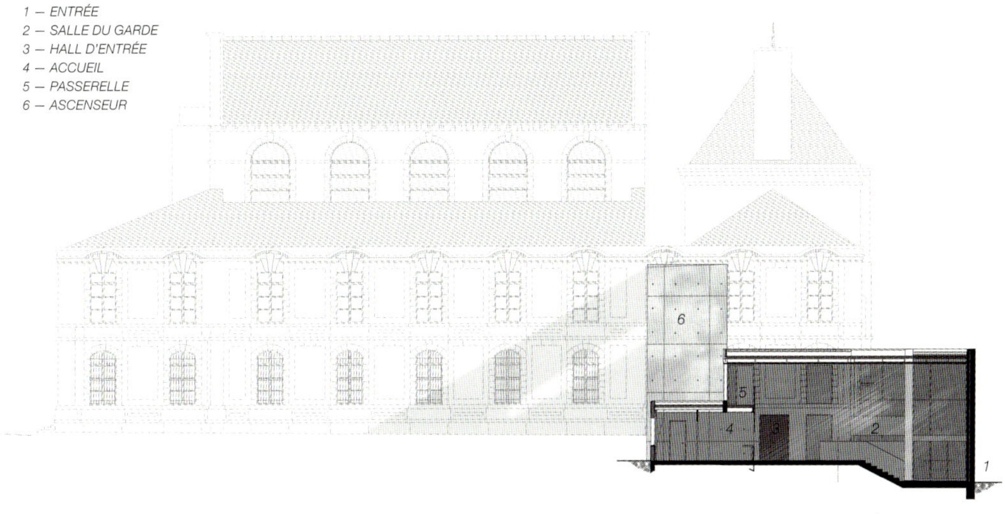

COUPE LONGITUDINALE SUR L'ENTRÉE SECONDAIRE

1

1 couloir sous les toits
2 détail corniche intérieure
3 salle d'audience principale : depuis l'auditoire vers les juges
4 salle d'audience principale : box des accusés
5 salle d'audience secondaire : depuis le côté juge

2

3

4

5

1

2

1 le vieux centre ville à travers la passerelle
2 accès parking
3 tribunal pour mineurs
page suivante conversation entre façades

3

dans la clairière

ARRADON

page précédente simples volumétries imbriquées et inscrites dans un terrain en pente douce
1 ceinture verte autour des bâtiments

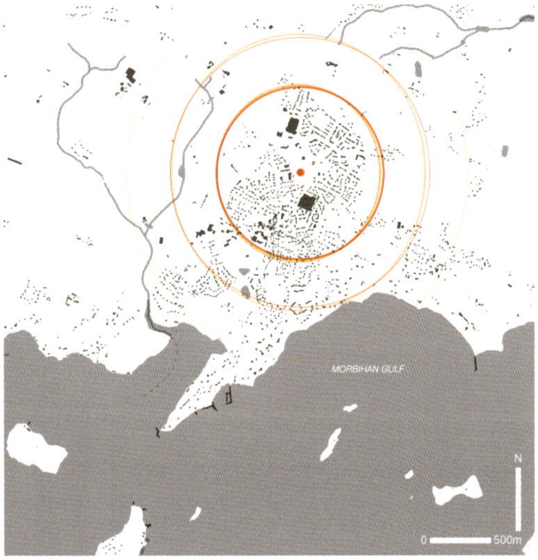

1

PROGRAMME : 28 logements / **SURFACE :** 2700 m² / **PARFAIT ACHEVEMENT :** 2012 / **PERFORMANCE ENERGETIQUE :** Certification BBC

Issue d'une grande propriété arborée et délimitée par de vieux murs d'enceinte, la parcelle qui accueille le projet se présente comme une clairière privilégiée en marge du bourg. La mixité sociale de la résidence réunit 22 logements en accession libre à 6 logements sociaux.

A partir de la desserte d'accès latérale, le projet s'articule au cœur du parc en deux bandes décalées l'une à l'autre, afin de bénéficier de l'exposition sud sur laquelle s'appuie la conception.

Les longues façades en vis-à-vis entretiennent le dialogue qui les réunit. Au nord, les voiles béton jouent l'opacité pour favoriser l'intimité des chambres. Les fenêtres plus étroites et réhaussées confortent cette intention. De l'autre côté ou bien en vis-à-vis, les éléments qui expriment les espaces privatifs des résidents, les balcons suspendus, les palissades séparatives de verre et de bois constituent des éléments graphiques à la géométrie rigoureuse. Assemblés les uns aux autres, ils semblent composer un patchwork déstructuré de béton (teinté anthracite) et de bois de peuplier. Un mariage de matériaux et de couleurs pour inscrire définitivement la construction dans son environnement naturel.

De petits plots qui abritent les locaux communautaires ponctuent la composition et assurent la transition avec le paysage.

Performance énergétique< 50 kWh/m²/an

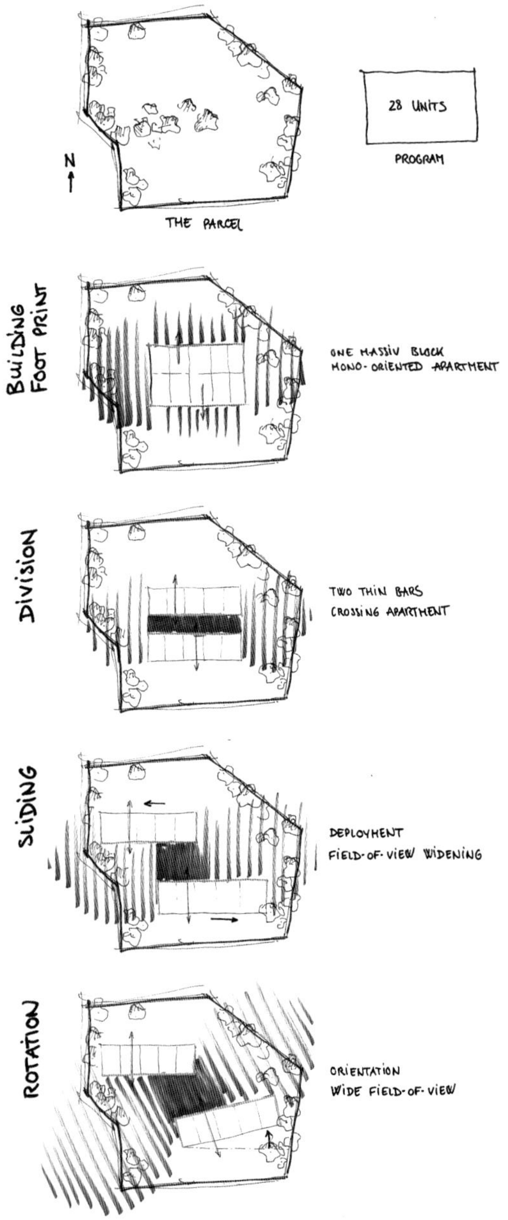

CROQUIS D'INTENTION

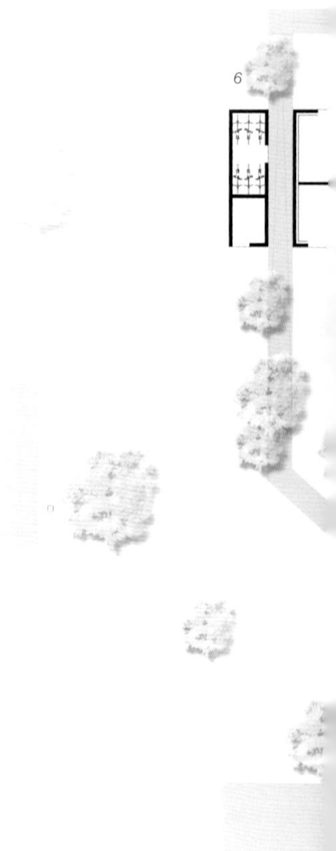

1 — CIRCULATION
2 — PIÈCES APPARTEMENT
3 — PIÈCES APPARTEMENT
4 — PIÈCES APPARTEMENT
5 — PIÈCES APPARTEMENT
6 — PIÈCE POUR VÉLOS
7 — TERRASSE
8 — ENTRÉE PARKING
9 — CHAMBRE
10 — ENTRÉE
11 — SALLE DE BAINS
12 — CUISINE
13 — SÉJOUR

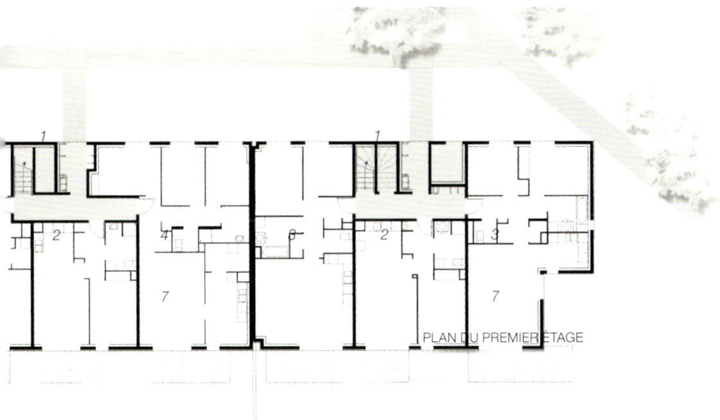
1
1
2
4
8
2
3
7
7
PLAN DU PREMIER ETAGE

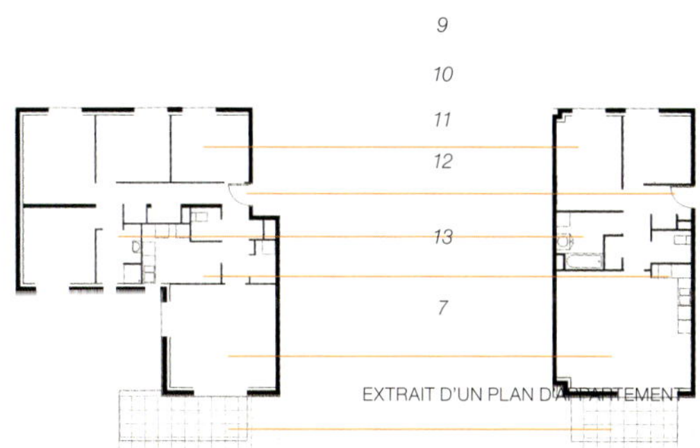
9
10
11
12
13
7
EXTRAIT D'UN PLAN D'APPARTEMENT

8
1
1
6
3
2
2
3
3
2
2
3
7
7
7
7
0
10m

9
10
11
12
13
7

COUPE GÉNÉRALE

1 — VOIRIE
2 — PARKING
3 — CHEMIN PIÉTON
4 — ESPACE VERT
5 — ESPACE DE COURTOISIE

ÉLÉVATION SUD

1

2

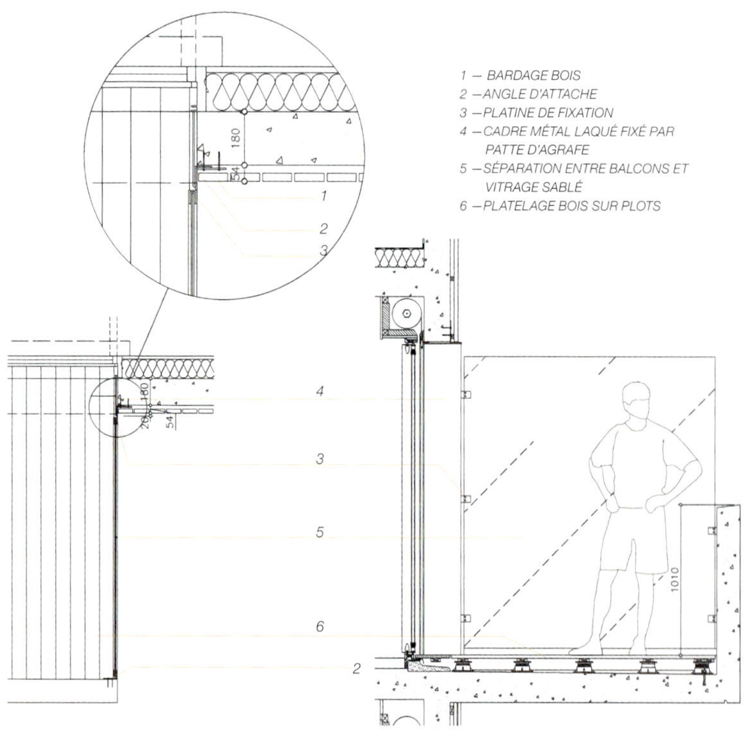

COUPE ET PLAN DE DÉTAILS SUR BALCON

1,2 la phase de construction

3 gestion intelliqente des espaces publics et privés

4 harmonie entre contemporanéité et tradition

4

1

2

3

4

1 gestion de l'intimité
2 accès piétons
3 entre un logement et le local vélo
4 cadrage variés sur les matériaux du projets
page suivante ruban vert entre les logements et le mur existant

stand up

LANNION

TI AN IMPLIJ
HAGAR STUMMAÑ MICHEREL

page précédente carrefour nord-ouest - surprenante volumétrie fragmentée dans un quartier des années 70
1 vue aérienne : rupture manifeste dans le tissu urbain

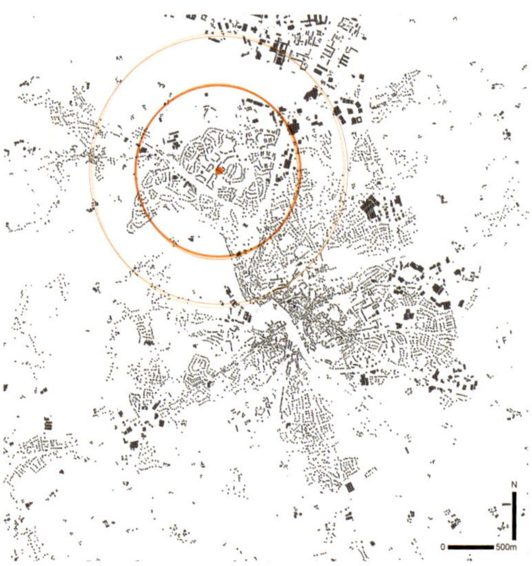

1

PROGRAMME : Maison de l'emploi et de la formation professionnelle / **SURFACE :** 2430 m² / **PARFAIT ACHEVEMENT :** 2012 / **PERFORMANCE ENERGETIQUE :** Certification BBC

Les collectivités réunies du Pays du Trégor-Goëlo ont assumé pleinement la rénovation urbaine du quartier de Ker Uhel, en choisissant d'y réaliser la « Maison de l'emploi ». Un équipement conçu pour y réunir toutes les structures d'accompagnement en termes de recherche d'emploi, de placement, de bilan de compétences, de formation, et destinée à tous les publics, jeunes, adultes, handicapés. Un choix politique porteur d'un sens urbain qui affirme le territoire de la ville, mais aussi une vitrine pédagogique inscrite dans une démarche volontariste de développement durable d'un projet pour, et au bénéfice de tous.

Pour respecter la trame urbaine, l'implantation et les alignements de la Maison de l'emploi sont les mêmes que ceux qu'occupait la « barre » de logements avant sa déconstruction. Le jardin existant en cœur d'îlot a été conservé à la faveur des habitants et la couleur blanche du bâtiment préserve la luminosité du lieu. Le projet s'inscrit ainsi de manière courtoise et contextuelle, dans un environnement à double face. D'un côté, un volume « cabossé », antithèse de la rigueur d'un quadrillage urbain, vient jouer de sa forme comme par mimétisme avec le jardin résidentiel tout fait de talus et de bosses. De l'autre coté, une façade « filtre » respecte l'alignement de la rue du Muguet ; des panneaux d'acier, finement perforés protègent le grand hall de l'exposition sud-ouest. Cette déclinaison de la façade participe à la scénographie du bâtiment dans le quartier de Ker Uhel.

La dynamique de l'oblique, sur laquelle s'est construit le projet, constitue ici la planche d'appel sur laquelle les usagers de la « Maison de l'emploi » peuvent prétendre à un « nouveau décollage ».

1 — BUREAUX
2 — SALLE DE RÉUNION
3 — SECRÉTARIAT
4 — SANITAIRES
5 — SALLE D'ATTENTE
6 — RÉCEPTION
7 — FORUM
8 — SALLE INFORMATIQUE

1

2

3

1 de nuit, superposition des couches constructives

2 chantier : depuis la rue

3 chantier : hall principal

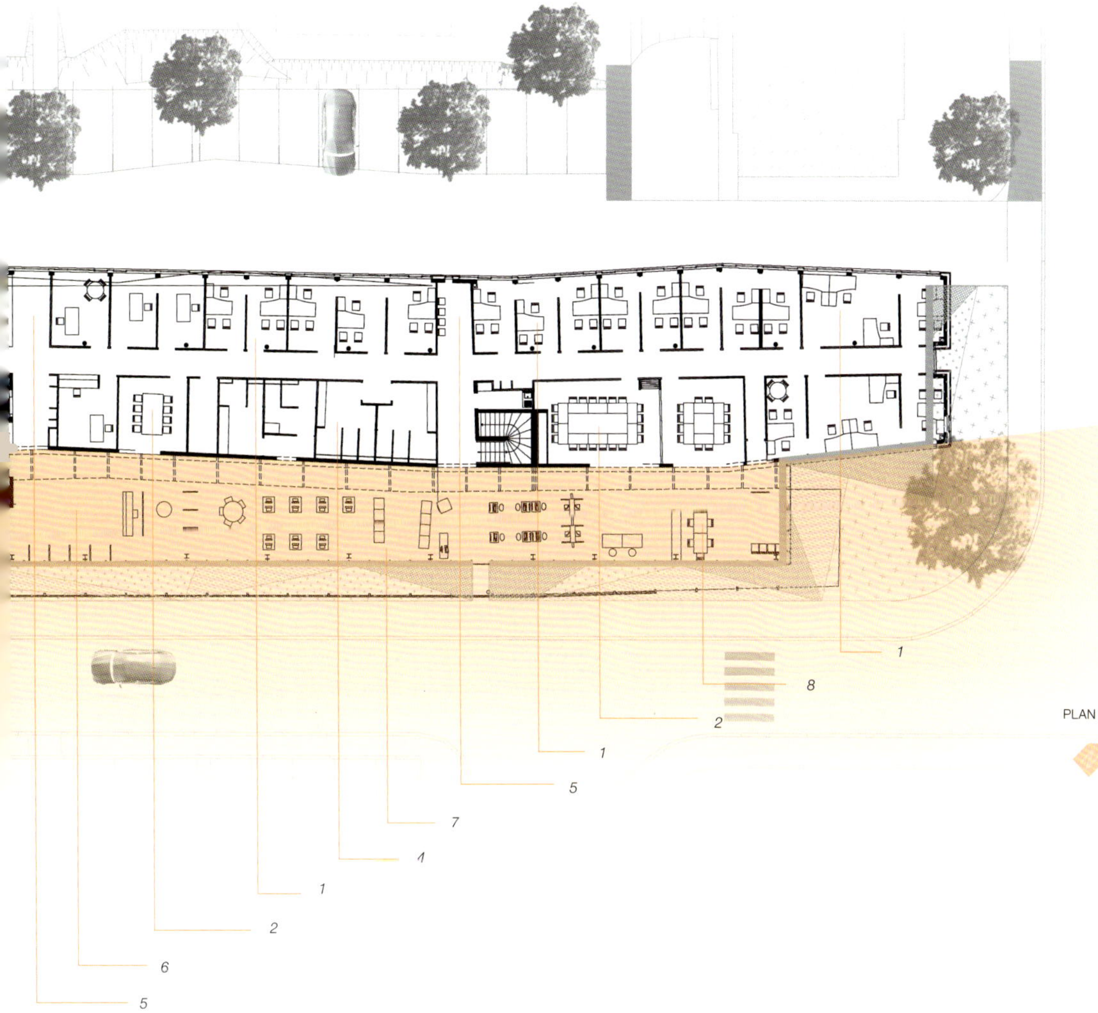

PLAN D'ÉTAGE COURANT

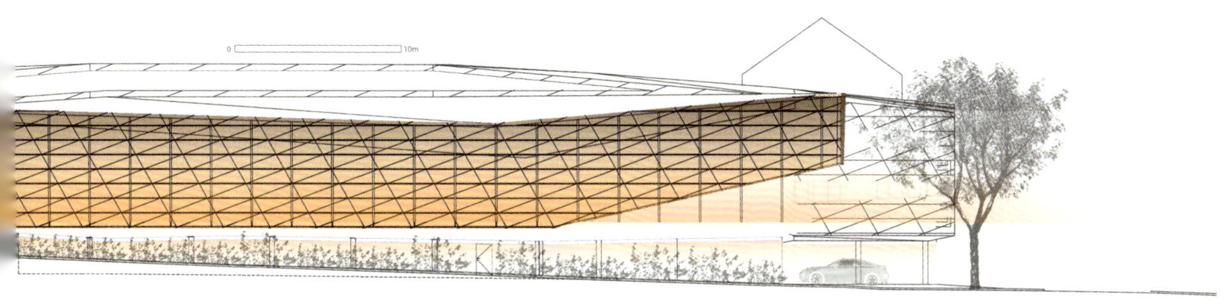

ÉLÉVATION SUD OUEST

1

2

3

4

1 de l'autre côté de la rue : une transition architecturale forte

2 depuis le carrefour nord : le glissement des deux volumes l'un sur l'autre crée l'entrée

3 depuis le carrefour nord : lumières du soir, la peau du bâtiment s'estompe progressivement pour en révéler l'intérieur

4 lignes brisées

1

2

1,2,3 le motif géométrique suit les plis du bâtiment

page suivante vue aérienne, angle sud-est - un édifice opaque en apparence

3

MAISON DE L'EMPLOI

1

CROQUIS D'INTENTION

2

1,2,3 perception du bâtiment depuis le quartier des années 70

3

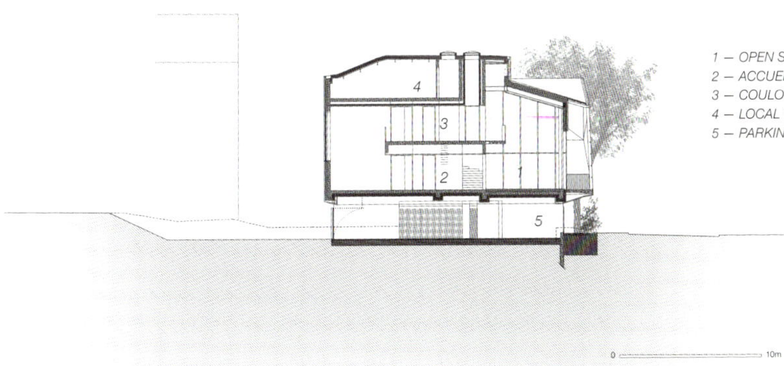

1 – OPEN SPACE
2 – ACCUEIL
3 – COULOIR
4 – LOCAL TECHNIQUE
5 – PARKING

COUPE TRANSVERSALE

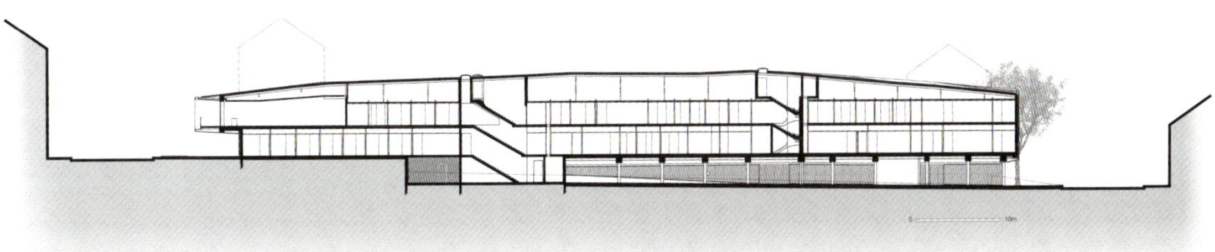

COUPE LONGITUDINALE

1

2

1 – MEMBRANE D'ÉTANCHÉITÉ
2 – ISOLATION 200
3 – GOUTIÈRE ENCASTRÉE EN ACIER GALVANISÉ
4 – BAC ACIER
5 – POUTRE IPN 160
6 – ISOLATION 100
7 – POTEAU DE 20
8 – POUTRE IPN 400

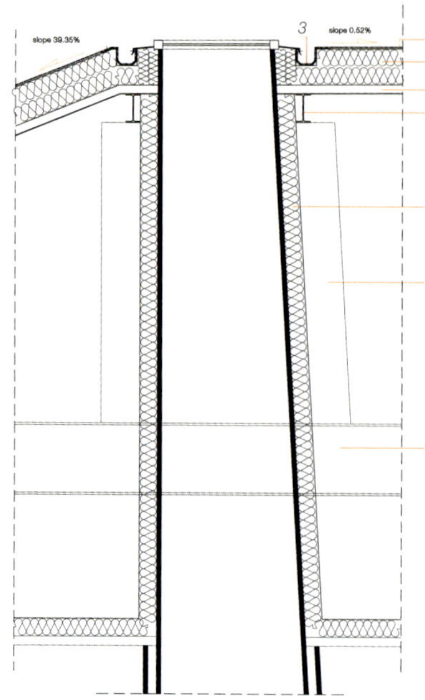

COUPE DÉTAIL SUR LE SKYDOME DE LA COURSIVE

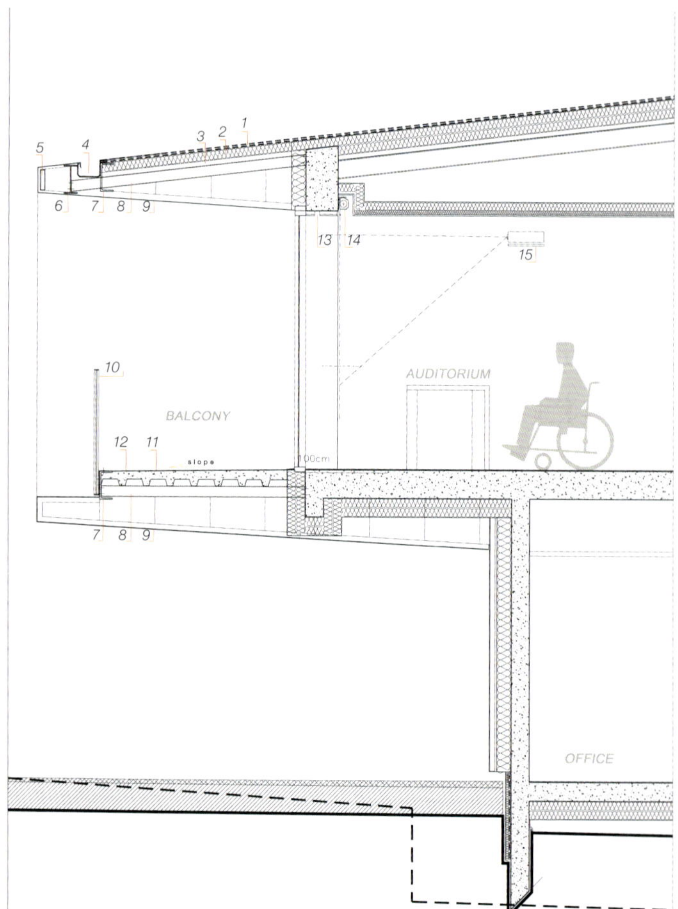

COUPE DÉTAIL SUR LE SKYDOME DE LA COURSIVE

3

1 intérieur : éclairage zénital
2,4 intérieur : passerelle au-dessus du hall principal
3 intérieur : couloir à l'étage
page suivante façade sud-est - ambiance nocturne : la vie intérieure du bâtiment se révèle

1 — MEMBRANE D'ÉTANCHÉITÉ
2 — ISOLATION 100
3 — COUVERTURE MÉTALLIQUE
4 — GOUTTIÈRE INTÉGRÉE
5 — TUBE MÉTALLIQUE
6 — IPN 300
7 — UPN 300
8 — IPN120
9 — BARDAGE MÉTALLIQUE
10 — GARDE CORPS MÉTALLIQUE
11 — DALLAGE COMPOSITE
12 — REVÊTEMENT DE SOL EN RÉSINE
13 — RAIL DE RIDEAU ENCASTRÉ
14 — ÉCRAN DE PROJECTION
15 — VIDÉO PROJECTEUR

4

sur la crête

QUIMPER

1

page précédente façade ouest - plateforme d'enseignement au-dessus des surfaces techniques
1 avant restructuration du campus
2 après restructuration du campus

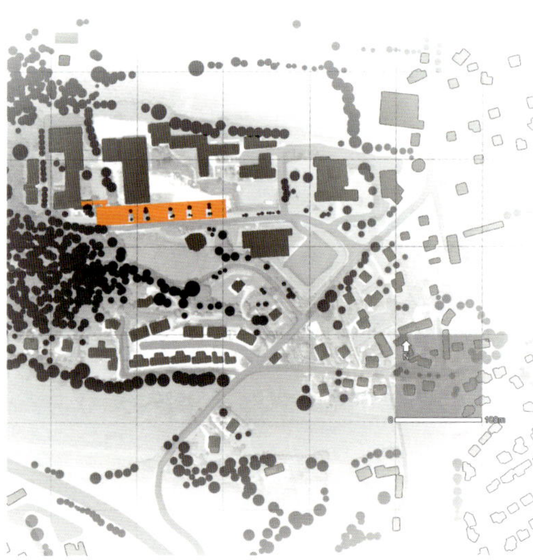

2

PROGRAMME : Centre de formation des apprentis cuisiniers / **SURFACE :** 15120 m^2 / **PARFAIT ACHEVEMENT :** 2011 / **PERFORMANCE ENERGETIQUE :** certification HQE

Sur les hauteurs de Quimper, au cœur du centre de formation des apprentis, le nouveau pôle alimentaire s'inscrit naturellement comme élément clef du campus, en cours de restructuration. Les contraintes fonctionnelles et topographiques ont conduit les architectes à développer un projet en longueur. Le monolithe de 155m, posé sur un socle en retrait, impose sa grande façade scandée par cinq entailles colorées et tramée sur la pente et devient, de par sa position marquante à l'entrée du site, le point reconnaissable, exposé en vitrine au-dessus de la ville.

Avant tout fonctionnel, le projet est contenu entre ses deux façades principales : au nord, un voile en béton constitue la limite du bâtiment, au regard des constructions préexistantes. Des échancrures verticales rythment la façade, qui assure les accès à l'ensemble des filières *(boulangerie, pâtisserie, boucherie, charcuterie, restauration)*. Au sud, dans un rythme aléatoire, des lamelles de châtaigner, brutes de sciage, constituent le filtre animé qui accompagne et masque les flux d'approvisionnements des denrées. Cette double paroi protège de l'exposition solaire les locaux pédagogiques. Des patios colorés, creusés dans le volume, assurent l'apport en lumière naturelle dans l'épaisseur du plateau.

Les deux façades se rejoignent au droit du restaurant d'application, inscrit en belvédère au-dessus de la vallée. À l'échelle du campus, et au gré de deux jardins, l'un linéaire en aval l'autre en amont ponctué par les autres bâtiments du site, y compris l'internat, se crée «un basculement d'une grande simplicité, mais qui d'évidence règle parfaitement toute la vie du CFA et organise avec une grande clarté, l'ensemble des circuits identifiables pour chacun, qu'il soit enseignant, apprenti, administratif, fournisseur.»

1

2

1 sous-face de la coursive extérieure
2 coursive extérieure
page suivante façade sud - Intégration paysagère du bâtiment

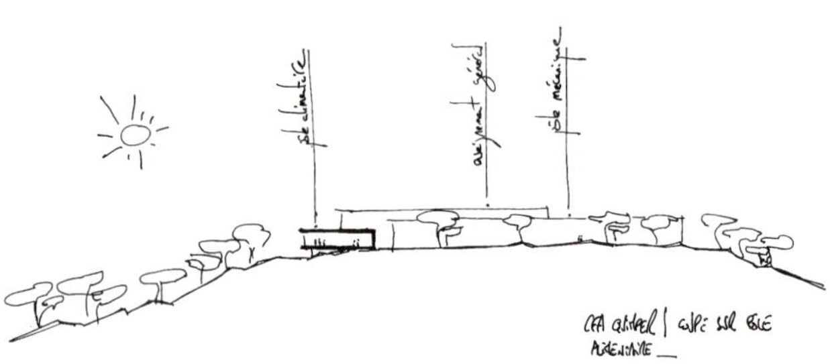

CROQUIS D'INTENTION

1 — RESTAURANT
2 — HALL D'ENTRÉE
3 — CUISINE
4 — VESTIAIRES
5 — PATIO
6 — SECTION ALIMENTAIRE
7 — COUR INTÉRIEURE DE SERVICE
8 — SECTION BOUCHERIE
9 — SECTION PÂTISSERIE
10 — SECTION BOULANGERIE

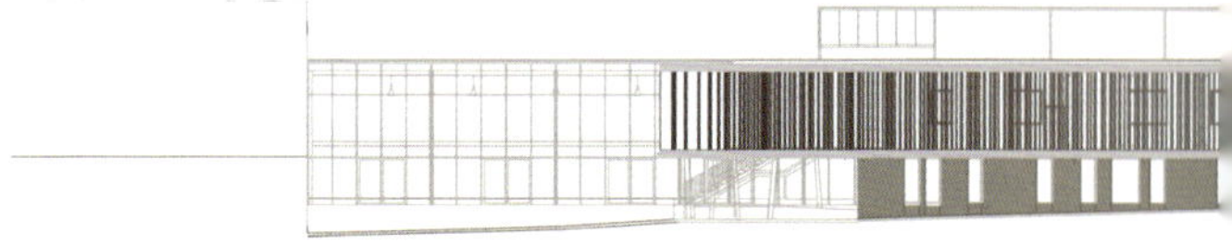

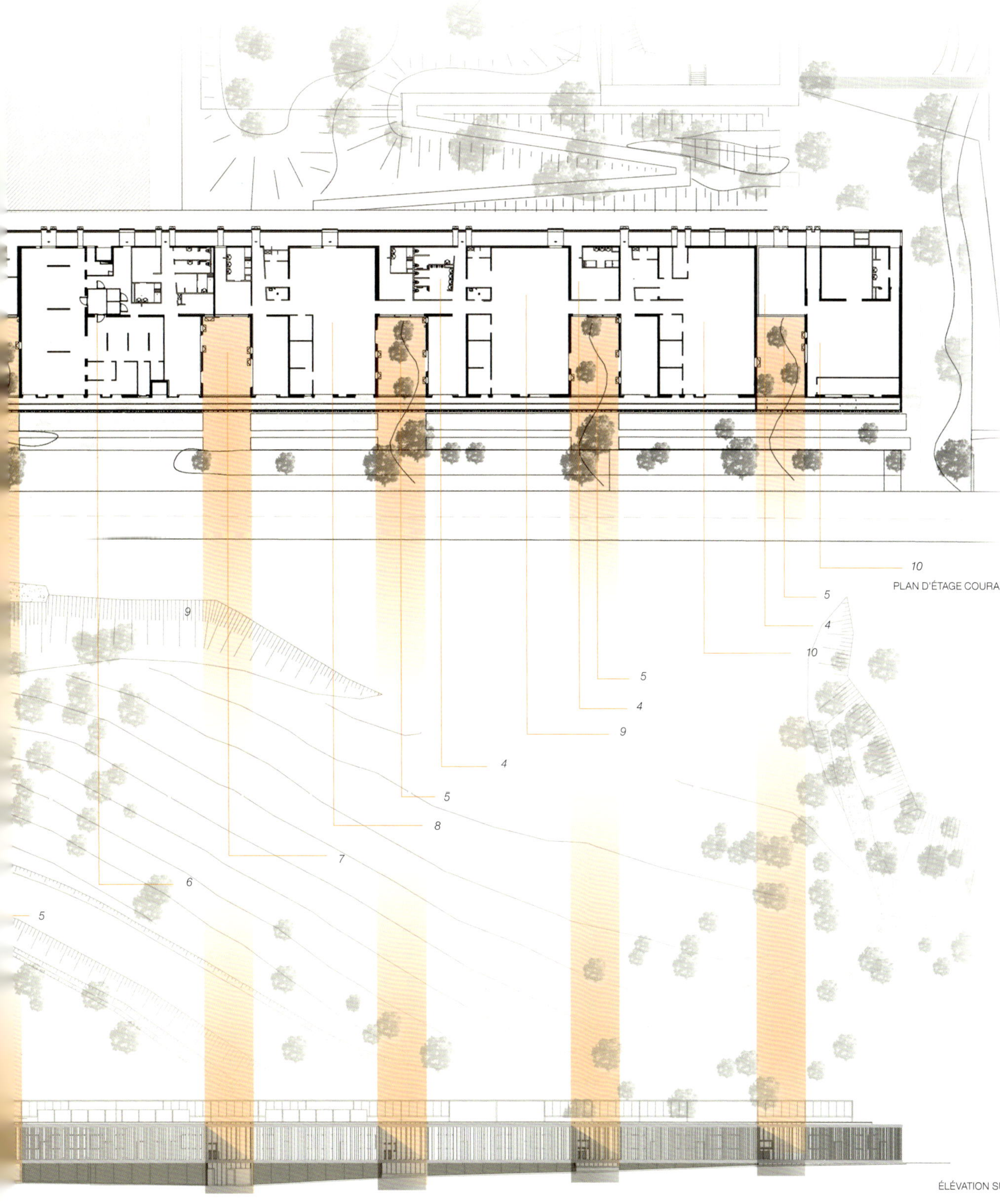

PLAN D'ÉTAGE COURANT

ÉLÉVATION SUD

1

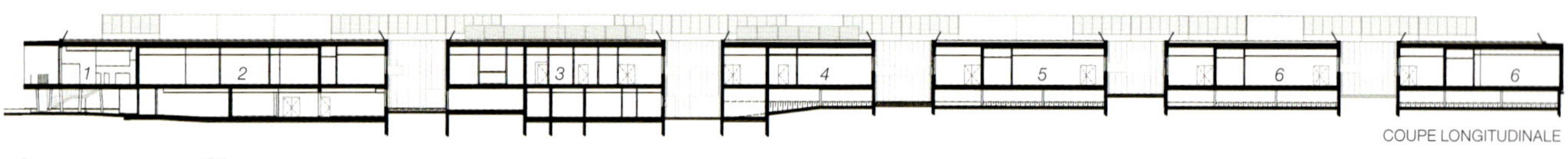

COUPE LONGITUDINALE

1 — RESTAURANT
2 — CUISINE DU RESTAURANT
3 — RÉSERVES
4 — SECTION BOUCHERIE
5 — SECTION PÂTISSERIE
6 — SECTION BOULANGERIE

1 — COUVERTINE ALUMINIUM LAQUÉ
2 — ÉTANCHÉITÉ
3 — BANDE DE RIVE ÉTANCHE
4 — BÉTON
5 — ÉCLAIRAGE EXTÉRIEUR
6 — PROFIL SUPPORT EN ACIER LAQUÉ
7 — BOIS (SAPELLI)
8 — GARDE CORPS
9 — ANCRAGE

DÉTAIL SUR LA COURSIVE EXTÉRIEURE

2

3

1,2 façade sud : rythme aléatoire du bardage bois agissant comme brise-soleil

3 cohabitation entre des bâtiments récents et anciens

page suivante colonnade sous le restaurant

1

2

3

1 Langage poétique du ballet des ombres au long de la journée

2 rythme du bardage en façade sud : subtile perception des patios dans le tissage vertical

3 patio, à travers la coursive extérieure

page suivante accès au restaurant par l'extérieur - la rencontre des différents matériaux

1

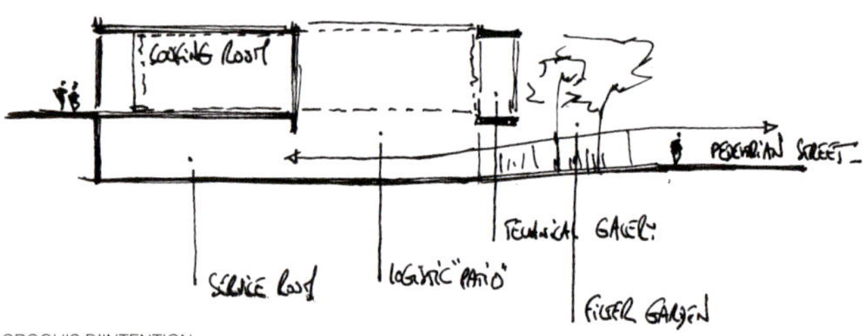

CROQUIS D'INTENTION

2

3

1 angle nord ouest : superposition des couches fonctionnelles

2 façade nord : lignes brisée et paysage

3 façade nord : alternance sombres et claires des lignes de construction

4 terrasse du restaurant

4

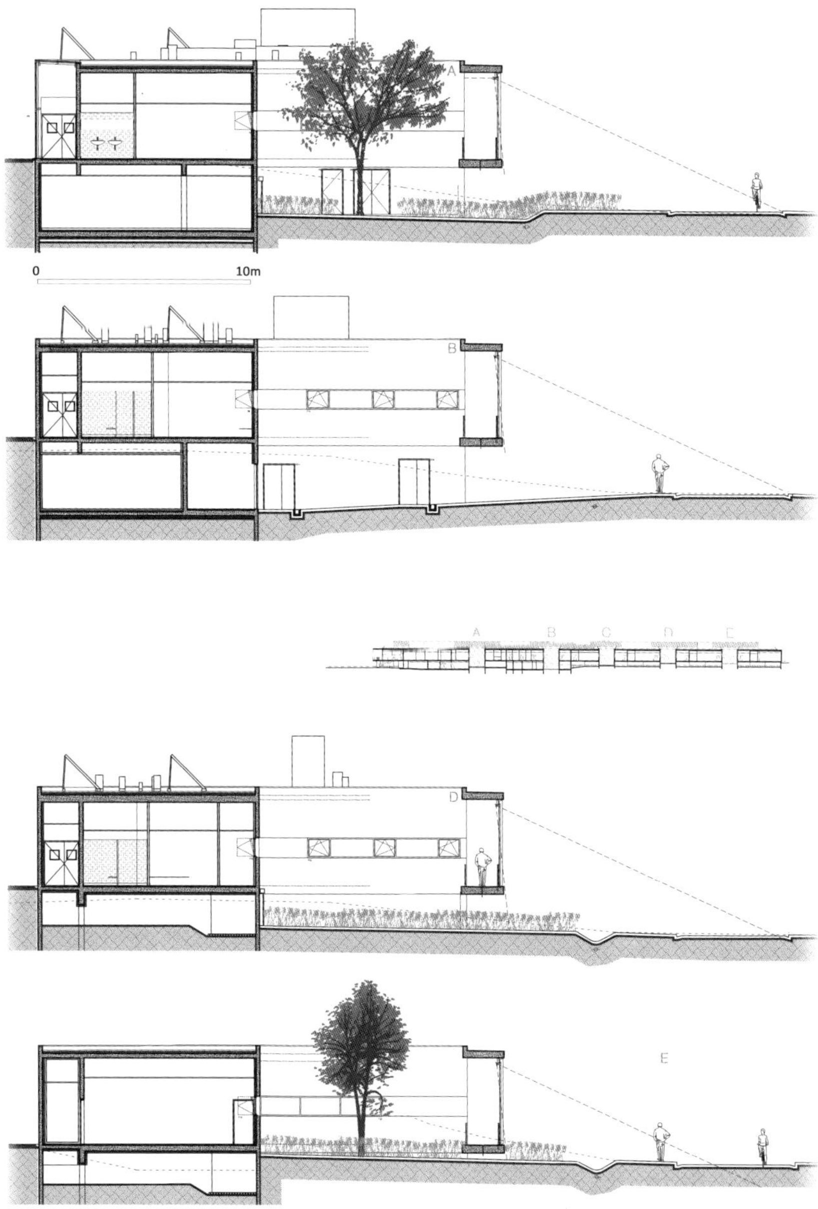

COUPE DE LA ZONE D'APPRENTISSAGE, DU PATIO ET DU PASSAGE EXTÉRIEUR
MONTRANT L'HORIZONTALITÉ DU BÂTIMENT PARALLÈLEMENT AU RELIEF NATUREL

1

1 couloir intérieur
2,3 coursive extérieure
4 chantier : salle de restaurant

2

3

4

“... Il n’y a pas loin du plaisir des sens à la réjouissance de l’ esprit. C’est par là que l’architecture touche aussi à l’âme.”

conversation avec l'atelier arcau

conversation avec xavier fraud et julien veyron
10 janvier-15 avril 2013 - frédéric paul

frédéric paul — Arcau se veut un atelier, pas une agence. Pourquoi y tenez-vous tant ?
xavier fraud — Une agence, c'est à peu près tout ce qu'on veut : une agence de publicité, une agence de voyages, une agence bancaire... et ce n'est pas non plus un cabinet comme celui du comptable ou de l'avocat, ni un cabinet dentaire ! L'atelier c'est l'endroit où l'on cherche, où l'on découpe, où l'on ajuste, où l'on fignole et où on revient sur l'ouvrage autant de fois que nécessaire.
julien veyron — L'atelier arcau est un lieu d'échanges de création et de production. Mais c'est avant tout un état d'esprit, qui fédère l'équipe pour faire aussi longtemps que possible de l'architecture. L'architecture est notre finalité. Le business en est le moyen. Ce n'est pas d'aujourd'hui, mais Thucydide disait déjà : « Il n'y a pas de bonheur sans liberté et pas de liberté sans vaillance. » Eh bien ! On peut en dire autant du bonheur architectural.

F.P. — Arcau, c'est donc une usine et un atelier d'artiste ?
J.V. — À la différence de l'artiste, nous devons composer avec beaucoup d'intervenants : il faut embarquer avec nous un maître d'ouvrage, des ingénieurs, des artisans... et toute notre équipe ! Il faut créer une dynamique qui donne à chacun les moyens de concevoir, mettre au point et réaliser collectivement une œuvre. Nous veillons à travailler chaque jour avec un peu plus de méthode. Mais ce n'est pas tant pour optimiser la marge que pour essayer de dégager plus de temps pour la recherche ! Arcau est donc bien plus un atelier d'artiste qu'une usine.
X.F. — L'échelle et l'organisation de l'atelier pourraient laisser penser, comme dans l'industrie, que la méthode est rôdée...Pourtant, il est très rare que nous sachions a priori ce que nous allons faire face à un nouveau programme.

F.P. — Vous voulez dire que vous préférez d'abord vous pénétrer du programme et du contexte ? Mais comment vous présentez-vous à vos clients ?
X.F. — Avec la règle d'or de l'anonymat, on n'auditionne plus dans les concours. On doit donc exprimer ses intentions par écrit en se demandant toujours si ce sera vraiment lu et bien compris par les décideurs... Un oral permet d'être plus convaincant.

F.P. — La réaction du commanditaire permet aussi de modifier la trajectoire. Mais quelle est la part d'improvisation ? Et improviser tout seul, c'est une chose, mais comment fait-on pour improviser à deux et avec toute une équipe ?
J.V. — L'improvisation n'est jamais totale. Sauf le cas particulier de la pleine action du chantier, il faut plutôt des heures, des jours, voire des années (le temps de l'urbanisme est plus long) pour avancer. Mais au stade de la conception, si l'un d'entre nous a un doute, il le remet sur la table. Quand le doute est levé, alors, c'est le moment de passer à l'étape suivante.

F.P. — Et ça s'arrête quand ?
X.F. — Je suis arrivé ce matin en doutant d'une option déjà validée. Julien me confirme que ce n'était pas un mauvais choix. Mais, l'un entraînant l'autre, au bout d'une demi heure de discussion, une nouvelle solution émerge. En requestionnant ensemble le projet, on avance bien plus vite et bien plus loin que chacun seul de son côté.
J.V. — Pour improviser avec toute l'équipe (ce que nous savons faire plutôt bien et jusqu'à la dernière minute dans le cas d'un concours), au cœur de l'atelier nous avons créé un forum, qui permet de nous réunir régulièrement et de débattre sur les projets.
X.F. — Techniquement, nous ne prenons pas toujours connaissance du dossier en même temps. Celui de nous deux qui a lu le programme l'explique à l'autre. Puis avec un fond de plan, les photos, nous commençons à

appréhender le site et nous exprimons quelques idées. Sur une page blanche, il faut commencer par tracer un trait, puis un deuxième et ainsi de suite jusqu'au bon trait. Si l'un de nous deux a élaboré une esquisse, nous la partageons en séance de travail.

F.P. — Vous venez d'utiliser les mots « trait », « page blanche », « esquisse »... Dessinez-vous encore à la main ? Le croquis a-t-il son importance pour vous ?
X.F. — La CAO (la conception assistée par ordinateur) et la 3D (le dessin en trois dimensions) nous apportent beaucoup et sont devenus indispensables pour développer les projets. Mais, quand je pense « trait », je pense à un vrai trait : au feutre et sur un calque. Dans nos échanges avec Julien ou pour transmettre nos idées à nos assistants, le dessin au trait est essentiel.
J.V. — Un dessin vectoriel ne sera jamais aussi sensible qu'un dessin au trait. Un trait, plus gras ou plus fin, ne dit pas la même chose. Le trait suggère, le vecteur valide : les deux outils sont complémentaires.

F.P. — Le dessin au trait conceptualise en temps réel...
X.F. — Le dessin au trait nous aide à réfléchir et à concevoir. Il suit la pensée, il permet de transmettre immédiatement ce que nous imaginons à notre interlocuteur, bien mieux que nous le ferions avec des mots. Les outils informatiques, la 2D, Autocad, la 3D, Sketchup, viennent pour nous dans un second temps.

F.P. — Parallèlement à l'architecture, vous vous positionnez sur des projets paysagers et des projets d'urbanisme. Comment faites-vous la part des choses entre ces trois activités ?
X.F. — Un bâtiment doit s'implanter dans une organisation spatiale à laquelle il est destiné. On ne peut pas échapper à la lecture contextuelle. Sur un terrain, qu'il soit même d'une grande banalité, nos interrogations seront toujours les mêmes. Comment le projet va-t-il s'installer dans le site ? Que va-t-il bien pouvoir raconter ? Quel sens donner à nos intentions ? Comment vont y vivre les résidents ou les usagers ? Et comment toutes ces dimensions vont-elles bien fonctionner ensemble ? Autant de réponses pertinentes à trouver pour sortir un projet cohérent, accepté, qui écrira un nouveau paysage et s'inscrira de manière interactive dans un quartier dont il racontera une nouvelle tranche d'histoire. Toutes les dimensions de ce nouvel aménagement sont concernées. L'architecture, l'urbanisme et le paysage sont indissociables.
J.V. — Sans m'abandonner à un lyrisme qu'on ne retrouverait pas, d'ailleurs, dans nos projets, je ne crains pas de revendiquer une conception tendre et fraternelle de la mission de l'architecte-urbaniste. C'est peut-être aussi pour cela que le paysage s'est imposé avec force comme élément indispensable dans notre caisse à outils.

F.P. — Il y a pourtant des paysages qui n'en sont pas. Qu'en faites-vous ?
X.F. — Un non-paysage, c'est quand il n'y a pas de traces... En Corée du sud, par exemple, les montagnes couvrent 70% du pays. Et, dans ce pays de traditions, elles sont essentiellement dédiées à la méditation, à la spiritualité et à l'observation de la nature. Les rizières sont dans les vallées. De fait, il reste trop peu d'espace pour loger une population toujours plus importante. Pour gagner des terres, il faut donc les conquérir sur la mer, comme dans la région de Séoul ou dans le sud-est avec le projet gigantesque de Saemangeum qui vise à créer une bande de terre de 400 km2 sur la mer Jaune (sept fois Manhattan !). Les paysages qui en résultent sont lisses, irréels, sans aucun relief. C'est l'expression la plus aboutie d'une absence de paysage. Tout est à faire et, là, l'imagination des urbanistes, des paysagistes et des architectes doit relever le défi de la création absolue. L'architecte doit être un raconteur d'histoires — un raconteur d'histoires vraies qui arriveront demain ! —, mais on raconte plus d'histoires dans

1. Parc urbain de Ménimur

2. Quartier de Ménimur

3. Palais de justice

un no man's land, qui est un territoire abandonné. On y observe plein de détails, on fouille et l'on trouve toujours une trace, un vestige, une « relique » qui déclenchera notre imaginaire.

F.P. — S'il existe, le non-paysage, ce serait donc une autre page blanche ?
X.F. — Une page blanche qui résulterait de la seule vision en deux dimensions, en plan. Il doit y avoir une réflexion paysagère dans la manière de traiter le découpage urbain. En ville, ça ne doit pas relever du hasard. Et si la troisième dimension n'est pas prise en compte, c'est du non-paysage !
J.V. — Dans la relation permanente entre l'urbain, l'architecture, chaque réflexion nourrit l'autre. Quand nous réfléchissons à un bâtiment, nous nous interrogeons sur la manière de l'insérer dans le site et quand nous réfléchissons à un nouveau quartier, nous nous interrogeons sur le rapport qu'il va générer entre les usagers qui y vivent, qui viennent y travailler, qui le traversent. Tous ceux qui d'une façon ou d'une autre vont occuper ce nouveau territoire.

F.P. — Donc plus le contexte est compliqué, moins il est « page blanche », plus il est stimulant pour vous ? La complication balaye-t-elle la neutralité ?
X.F. — Parfois les bâtiments existent, mais sans qu'aucun sens ne s'en détache et l'exercice n'est pas guidé. Le projet architectural et le projet urbain doivent se rencontrer.
J.V. — Sur des contextes très compliqués, ça peut mettre plus de temps à émerger, mais la réponse qui en sortira doit être puissante. Souvent les choses émergent en creusant. Parfois, nous sommes comme des chiens, à gratter le sol pour trouver quelque chose qui ait vraiment du sens. Prenons l'exemple du cœur de quartier de Ménimur. [1/2] Ça fait quarante ans que le service espaces verts de la mairie s'évertue à essayer d'y faire pousser des arbres. Or une veine rocheuse passe là depuis toujours. Avant c'était une lande. Alors, nous avons décidé d'éventrer le parc existant, de faire émerger la roche et d'utiliser la terre ainsi extraite sur les côtés pour nourrir d'autres arbres dans un nouveau parc.

F.P. — En avez-vous discuté avec des jardiniers ?
J.V. — C'était dans le diagnostic et ça nous a été confirmé par l'équipe des espaces verts qui nous a relaté ses déboires. Nous avons fait un scanner du terrain pour voir où le caillou affleure et où il y a plus de terre avant de tracer notre projet. D'évidence, entre ce que nous croyons avoir trouvé et ce qui va se passer au terrassement, il y aura encore des ajustements.

F.P. — Qu'est-ce qui vous motive à conserver quelque chose d'existant et qu'est-ce qui vous incite au contraire à démolir pour avancer ?
X.F. — Quand nous intervenons sur de l'existant, nous essayons de préserver l'élément fort du patrimoine. C'est l'exercice que nous avons effectué en travaillant sur le Palais de Justice de Vannes. [3] Il fallait composer avec l'architecture de la deuxième partie du XIXe siècle, qui s'impose avec une élégance classique, et nous nous devions de l'accompagner avec délicatesse, discrétion et bon sens. Sans remettre en cause l'ordre établi, qui était pourtant la directive présentée dans le dossier de faisabilité, nous avons positionné les deux adjonctions, l'aile des affaires familiales et le nouvel accueil, de part et d'autre du palais historique. Ils s'en détachent et se libèrent pour mieux respecter le caractère solennel du projet originel de l'architecte Eugène Hawke qui participe à la composition de la place de la République.
J.V. — Mais dans d'autres cas, il ne faut pas hésiter à revenir au terrain naturel.

F.P. — Dans ce cas vous créez votre page blanche.
X.F. — Nous ne sommes pas des briseurs de rêve ! Quand un client vient nous voir pour agrandir sa maison et qu'il nous dit « J'ai acheté un beau terrain à côté de chez moi », nous n'allons pas venir lui dire qu'il serait bon de raser tout le reste ! L'adaptation à la problématique est capitale. Je pense à la maison Fusil. [4]
Les propriétaires voulaient une extension au sud. Ensemble, nous faisons un tour. Je découvre et j'observe toute la particularité du site. Au terme de la visite, je leur raconte une autre histoire. Leur maison est déjà bien exposée au sud mais ils ne profitent jamais de la vue qui se dégage sur l'est. Je leur raconte la superbe vallée arborée, le soleil qui inonde cette exposition tout le matin, la tranquillité de la lumière, un deuxième décor et une nouvelle exposition qui donneront tout son caractère à leur nouvelle habitation. Il restait quand même à réussir à gommer la maison néo-bretonne existante…

F.P. — La nature du commanditaire, promoteur, bailleur, collectivité, client particulier, induit-elle des comportements différents de la part de l'architecte ?
X.F. — Le logement collectif est régi par des règles

strictes : entre les éléments de programmes, de surfaces, d'économies, de réflexes, d'usages, de communauté d'usages, de normes et de règles de vie... C'est compliqué ! L'expérience est passionnante, mais l'aventure est trop souvent limitée par des impératifs commerciaux et stratégiques. L'aventure est au rendez-vous quand la demande émane de maîtres d'ouvrage motivés, plus fréquemment sans doute avec des bailleurs sociaux impliqués dans la réalité sociale du logement. C'est également le cas de l'ensemble de la promotion privée quand elle est soumise à la compétition qu'imposent, depuis quelques années les collectivités et les aménageurs dans le cadre du développement des nouveaux quartiers, curieux et à la recherche de propositions qualitatives et novatrices. Les enjeux urbains, paysagers, architecturaux et environnementaux sont au cœur de ces consultations et la dynamique qu'elles entraînent développe de nouveaux comportements.

F.P. — Un bâtiment très technique ou à vocation publique offrirait plus de latitude qu'un logement collectif ?
J.V. — Bien sûr. Ne serait-ce que pour les contrastes de volumes. Le logement, c'est 2,50 m sous dalle, les règles d'accessibilité ont pour conséquence d'agrandir sans cesse les espaces servants (entrée, circulation, salle de bain et w.c.) au détriment des espaces servis (séjour et chambres)... Et pas moyen d'échapper au foutu volet roulant pour faire la nuit noire dans les chambres à coucher ! Nous venons d'obtenir l'accord d'un maître d'ouvrage pour installer des voilages occultants, ce qui nous a permis de créer des baies d'angle en vitrage collé et, tout à coup, une formidable perspective s'ouvre sur le paysage.

F.P. — Pourquoi la mention de l'architecte figure-t-elle si rarement sur les programmes des promoteurs ?
X.F. — Le donneur d'ordre est le créateur de son produit. L'architecte, aussi créatif soit-il est à son service. Nous ne revendiquons pas autre chose que la reconnaissance de notre travail. Nos créations ne nous appartiennent plus dès lors qu'elles sont livrées à leurs commanditaires. Après les mois, plus souvent les années que nous leur consacrons, elles finissent toujours par nous échapper. Elles appartiennent alors aux usagers, aux utilisateurs, aux visiteurs auxquels elles sont destinées. C'est bien ainsi !
F.P. — Avez-vous des matériaux de prédilection ?
J.V. — Nous préférons les matériaux bruts, les matériaux naturels, dans lesquels on se sent bien et qui vieillissent bien. Au cours des dix ans passés, un flot d'innovations et d'inventions en tous genres a été mis sur le marché sous couvert de vertus prétendument durables et écologiques. Comme nous travaillons essentiellement dans un climat tempéré, l'usage du béton est une réponse à la recherche d'inertie et il apporte le confort qu'on trouve en poussant la vieille porte en bois pour entrer dans la longère d'autrefois. Depuis dix ans, la réglementation a beaucoup changé, le développement durable a été mis au cœur des débats et nous avons appris à apprivoiser le sujet.
X.F. — Nos sommes toujours curieux de découvrir d'autres techniques constructives, mais nous n'acceptons pas que l'expression architecturale soit pilotée par ces contraintes et nous ne sommes certainement pas adeptes d'un étalage de recettes.

F.P. — Tout de même, le bâtiment Steel Band, où est installé l'atelier, il ne ressemble pas franchement à la « longère d'autrefois » !
J.V. — La salle où nous sommes, celle de nos revues de projets, est largement vitrée plein nord. Ce n'est pas conseillé, mais pourquoi se priver de la qualité de la lumière et de la vue apaisante sur le grand site ? Enfin, le bâtiment est bien équilibré et il n'est pas plus technique qu'une vieille longère. Ici, l'été, il ne se passe rien d'autre que le coude qui attrape la poignée pour ouvrir la fenêtre. Les planchers et le grand voile nord-ouest, en béton, assurent l'inertie thermique pour le confort, été comme hiver.

F.P. — L'enlèvement des ordures ménagères et le recyclage, ça fait aussi partie du développement durable. Pouvez-vous parler de l'Organisme Public de Collecte de Nantes Métropole (O.P.C.) [5] ?
J.V. — Tout d'abord, la parcelle est dans une espèce de non site sur l'ancien lit de la Loire et nous construisons sur des déchets ! D'un côté passe le T.G.V, de l'autre la Loire, le vent et les voitures. La dynamique des flux est particulièrement palpable in situ, mais il fallait d'abord faire tourner techniquement l'usine. Au-delà de la partie socle qui, pour des raisons d'usage est généralement en béton dans ce type d'installation, le choix du matériau de vêture des façades est adapté au contexte. Difficile et peu flatteur, ce site est néanmoins très intéressant aux côtés des entrepôts ferroviaires et des rails de la ligne de chemin de fer. Le Corten assure l'unité évidente d'un paysage fonctionnel qui s'est mis en place au fil du temps. Le choix du matériau vaut également métaphore

4. Maison Fusil

5. Sentinelles ferroviaires (Nantes)

6. Usine SMICTOM de Ploufragan-bâtiments existant

7. Spernot (Brest)

pédagogique en montrant aux agents, les premiers concernés, qu'une tôle rouillée peut être belle et que l'on peut en faire quelque chose d'utile : allégorie au métier de la collecte et du recyclage au cœur du développement durable.

F.P. — C'est quoi, pour vous, le Corten ? N'est-ce pas d'abord une couleur ?
J.V. — Le Corten est un matériau vivant et pérenne. C'est un alliage d'acier et de cuivre à forte résistance de corrosion, une matière vivante, qui respire, dont les teintes varient de l'aube au crépuscule, qu'il pleuve ou que le soleil brille. C'est une matière sans traitement, pas peinte, pas enduite, pas galvanisée, qui ne se dégrade pas dans le temps. Et en plus, quand le matériau arrive sur le chantier, on peut encore donner un coup de scie, ici ou là. Pas besoin de faire repartir dans un bain de galvanisation à 300 km ! On peut encore façonner des détails, plier des tôles, trouer des têtes.
X.F. — Ici c'est le matériau qui anime la façade grâce à la palette ocre-orangée que forme la couche auto-protectrice. Ici, le matériau détermine la tonalité de la façade. D'une façon générale, nous sommes assez prudents avec la couleur.
J.V. — Un bon projet d'architecture n'a pas besoin qu'on lui plaque un décor. Il n'en sera pas plus austère. Dans une pièce prise entre quatre murs, c'est le paysage extérieur qui devrait apporter la couleur.

F.P. — Donc zéro bardage bariolé, chez vous. Vous laissez ça aux autres. Prenons Ploufragan, par exemple.
X.F. — Hasards de la commande, nous avons été amenés à travailler sur plusieurs opérations touchant au traitement et la gestion des déchets. Nous avons également réalisé une usine d'incinération. L'usine existante de Ploufragan [6] n'avait pas beaucoup d'allure et il y avait un gros travail de restructuration et de réorganisation des process techniques. D'emblée, nous avons voulu requalifier l'image de cette usine abandonnée.
J.V. — C'est le premier projet abouti auquel j'ai été associé après avoir rejoint l'atelier Arcau. Zone industrielle des Châtelets... rue du Boisillon... Du bardage partout... un paysage oppressant et dévalorisant. Et puis une haie dense de thuyas, un mur opaque qui masque la misère. Et derrière tout ça, une usine de 1986 dans un état déplorable. Une usine, sans entretien, ça ne ressemble plus à rien au bout de vingt ans. Alors si elle est en plus destinée au traitement des déchets ! La matière organique, c'est agressif, ça mange le bâtiment, ça mange l'acier. On a cherché à requalifier ce bâtiment en lui redonnant un sens, une visibilité, une vitrine.
X.F. — Dans une bande d'une quinzaine de mètres, nous avons sorti de cette usine tous les éléments qui n'étaient pas purement industriels et créé un petit bâtiment en béton pour les bureaux et les vestiaires. Ensuite vient le bâtiment plus imposant : le centre de transfert, la vraie extension du projet, qui est venu s'adosser à l'usine existante.

F.P. — Un « centre de transfert », qu'est-ce que c'est ?
X.F. — Au retour de la collecte, les ordures sont centralisées sur une plateforme technique, le centre de transfert. Les volumes sont déchargés et ils sont triés ou ils sont évacués vers d'autres centres spécialisés dans la transformation et le recyclage. Ils peuvent être également stockés directement sur le site selon leur nature. Parce qu'aujourd'hui tout le monde est concerné par la gestion des déchets, c'est devenu un métier nécessitant des compétences techniques et industrielles. C'est tout un travail qualifié autour d'une chaîne organisée.
J.V. — Ici, c'est un bâtiment que nous avons travaillé avec une grande toiture qui va chercher très haut la lumière naturelle. Dans un lieu comme celui-là, il y a de la poussière en permanence et il y a ces doigts de Dieu qui entrent là-dedans. Le soleil pénètre avec force à travers les larges bandes polycarbonate de la grande façade sud, ça crée une atmosphère très spéciale... J'ai tout de suite pensé à Robert Smithson et à ses Paysages entropiques.

F.P. — L'ancien bâtiment, qu'en avez-vous fait ?
J.V. — Pour partie, nous l'avons ceinturé et, pour partie, démoli, puis surélevé... Le centre de transfert fait à peu près 4 000 m². C'est surtout du vide. Et puis le bâtiment de bureaux/vestiaires de 300 m². C'est un projet simple : béton brut, polycarbonate et acier galvanisé, des matériaux toujours parfaitement acceptés dans l'industrie pour laquelle ils sont bien adaptés.

F.P. — Et votre usine de Brest, [7] c'est un peu la même chose ?
J.V. — En 2000 passe une loi européenne qui impose une mise aux normes du traitement des fumées des centres d'incinération avec une échéance fixée à 2006. Pour l'usine du Spernot, cela représente 15 M€ d'investissement. Sur ce montant, le bâtiment dont nous nous sommes occupés représente 4 M€. La différence concerne la haute technologie du process.

X.F. — Là-bas, c'est carrément « son et lumière » ! Le site borde le boulevard de l'Europe qui contourne la ville. On ne voit quasiment plus le bâtiment ancien. À l'entrée du site, on a coiffé les nouveaux équipements d'une énorme boîte en polycarbonate de 30 m x 30 m x 30 m qui s'éclaire dans la nuit. Une cathédrale technique ! L'outil industriel est mis en valeur. Il s'expose et devient signifiant. Il surgit dans la ville comme un phare ! On est bien en Bretagne et à Brest, « le phare du bout du monde !»

F.P. — Rendre visible l'architecture, on peut comprendre qu'un architecte y soit sensible, mais quand il s'agit de questions écologiques, l'industrie ne cherche-t-elle pas à se rendre la plus discrète possible ?
X.F. — Il faut valoriser ces métiers qui ont été des métiers de gueux. Quand une collectivité investit aussi lourdement dans ce type d'équipements, elle comprend vite que c'est aussi un excellent moyen de promouvoir ses obligations, les choix qu'elle engage et les hommes qui les accompagnent. L'industrie a bien compris ces enjeux et quand la qualité architecturale, qui sert notre environnement et le paysage, est au rendez-vous de la qualité fonctionnelle et technique, tout le monde est gagnant.
J.V. — À Nantes, le projet contre lequel nous étions en compétition avait été conçu comme un site très fermé, ne permettant pas de voir ce qui se passe à l'intérieur. Nous avons pris exactement le parti inverse. Nous avons voulu des bâtiments qui s'installent dans le site et des bennes remisées impeccablement, mises en lumière et bien visibles le soir quand on passe par là pour montrer à quel point, Nantes Métropole, c'est technique, c'est propreté, etc. Une démonstration d'efficacité.

F.P. — Comment passe-t-on d'équipements aussi techniques à une commande de particulier ?
X.F. — Il n'y a pas de réponse type. Pour une maison particulière, nous nous y prenons de la même façon que pour un projet plus complexe. Nous prenons la mesure de la question posée, du programme défini, du contexte et de l'enjeu du contexte, de l'attente qui est ou qui n'est pas exprimée mais que nous allons nous approprier parce que, nous le savons, il y a toujours une attente derrière.

F.P. — Il n'y a pas de bonne architecture sans bon programme. Ce que vous êtes en train de dire, c'est que si le programme n'est pas assez précis, il appartient à l'architecte de le clarifier.

X.F. — C'est intéressant d'aborder ce sujet par des exemples industriels. Leurs commanditaires, focalisés sur le programme fonctionnel qu'il faut évidemment satisfaire, ne mesurent pas obligatoirement tous les avantages à tirer de l'intervention de l'architecte, qu'ils cantonnent souvent à un rôle de figuration. Un particulier faisant construire sa maison est plus investi. Il porte en lui une attente forte. Étudiant, j'ai découvert la diversité du travail de Saarinen et la multiplicité des manières d'aborder l'architecture selon l'inspiration du temps et selon les données du programme, du site ou des objectifs que l'on se donne.

F.P. — Quelles sont justement les références architecturales qui ont déterminé vos vocations ?
J.V. — À dix-huit ans, après m'être lancé à l'aveugle dans des études de droit, je suis tombé en bibliothèque sur Vers une architecture... de Le Corbusier, que j'ai avalé goulument. Théories grandiloquentes sur l'architecture et l'urbanisme et découverte de la légendaire « promenade architecturale » ... puis : « La rue courbe est le chemin des ânes, la rue droite le chemin des hommes » (Le Corbusier, 1925). C'est à la fois délicieux et absurde, non ? En tout cas, c'est à partir de là que l'aventure a démarré pour moi... Après, les découvertes se sont enchaînées. Je pense à l'artiste-paysagiste Roberto Burle Marx, qui savait parler avec des mots simples du paysage et de la vie. Je pense à Tadao Ando [8] pour son travail simple, mais très perfectionné du béton, de la lumière et du rapport au paysage. Je pense au livre de Louis Kahn, Silence et lumière, qui a aussi beaucoup compté pour moi. Enfin, plus récemment, je pense à quelques architectes modernes brésiliens comme Vilanova Artigas et Lina Bo Bardi, l'architecte du S.E.S.C. Pompéia à São Paulo, le projet de reconversion d'un ancien site industriel en un lieu sportif et culturel avec ce bâtiment où elle a empilé des salles de sport et mis les vestiaires d'un autre côté, avec de grandes passerelles brutes en béton décoffré à la planche pour relier les unes aux autres. Les percements sont rares et ils sont traités comme des trous d'obus... avec un petit moucharabieh en bois mis derrière comme pour raffiner un peu les choses.
X.F. — Xavier est la transcription française de Etxeberri. En basque, cela signifie « maison neuve », prémonitoire ? J'ai aimé l'architecture avant de devenir architecte. Mon goût pour le dessin, d'abord, et puis une découverte ! Quand mes parents ont décidé de construire « notre » maison, ça été un évènement qui m'a bouleversé. Je me

8. Tadao Ando : church of the light

9. Le Corbusier : la cité radieuse (Marseille)

10. Voûte romaine - Le Thoronet

11. Arsenal cloister (Lorient)

suis passionné pour la construction, j'ai commencé à dessiner des plans et ça ne m'a plus quitté.

F.P. — Tu avais quel âge ?

X.F. — Dix ans. C'est très précis dans mon esprit. Des émotions fortes, quitter la maison de mon enfance, la construction, les déménagements successifs... Un type venait régulièrement montrer les plans de la future maison à mes parents. J'étais fasciné par ses dessins. Je découvrais un univers que je ne connaissais pas. Puis, assez vite, j'ai compris que l'architecture pouvait m'entraîner plus loin. J'ai ainsi pu m'intéresser au travail d'Yves Guillou qui construisait beaucoup dans la région de Vannes et autour du Golfe du Morbihan, un architecte exemplaire à cette époque, adepte de Richard Neutra, lui-même disciple de Frank Lloyd Wright, nous sommes dans les années 60-70. J'ai été sensible à ses variations régionales qui me sont devenues familières. Puis j'ai étudié l'architecture à Rennes en 1973, guidé dans mes premières années par Louis Beaupré qui venait de l'Université Laval, au Québec. Il permettait aux étudiants de découvrir leur potentialité ignorée afin de développer leur créativité. J'ai ensuite été très impressionné en découvrant l'église de Ronchamp, la cité radieuse [9] de Rezé qui m'a révélé une dimension inconnue de l'espace social. J'ai lu et relu Les pierres sauvages de Fernand Pouillon et je suis allé découvrir l'œuvre des moines bâtisseurs et architectes, Le Thoronet [10] exceptionnel d'évidence et de beauté. Puis, j'ai voulu comprendre toute la cohérence de la démarche de Gropius, jusqu'au-boutiste dans la vision globale du projet, la forme, l'organisation des espaces et de la lumière, le mobilier et jusqu'au moindre détail, comme Mies Van Der Rohe qui lui emboîtait le pas. Aux antipodes d'une autre légende, Oscar Niemeyer, qui vient de disparaître, avec sa simplicité démonstrative toute faite d'élégance et de courbes. Un temps, j'ai donc été captivé par l'éclectisme de Saarinen.

F.P. — Revenons sur les liens entre architecture et urbanisme. Vous achevez une très grosse opération actuellement à Lorient.

J.V. — L'opération de requalification urbaine « le foyer du marin [11] » fait partie des opportunités qui, petit à petit et encore pendant des années, vont permettre à Lorient de retourner la ville vers le paysage de la rade et de l'océan qui était en grande partie occupé par des équipements militaires de la marine nationale. À proximité immédiate du centre, la parcelle est exposée à l'ouest en bordure du cours de Chazelles et de ses grands platanes, une des artères principales de Lorient. 300 logements ont été programmés et la municipalité exigeait 50 % de grands appartements pour faire revenir vivre des familles dans le quartier. Nous nous sommes appuyés sur l'axe existant et nous en avons créé un nouveau perpendiculairement au précédent en bordure nord. Une liaison douce permettant aux piétons, aux cycles de rejoindre le nouvel hôpital.
Pour donner au quartier sa nouvelle cohérence, nous avons choisi de revenir à un urbanisme d'îlots traditionnels, comme dans la ville d'avant guerre, avec son rapport à la rue et au cœur d'îlot plus apaisé, plus calme. Mais nous sommes au XXIe siècle. Nous avons percé les îlots, de manière à rythmer les gabarits et éviter une ligne de ciel continue. Nous voulions varier les ambiances et les volumes. Nous avons aussi beaucoup travaillé les attiques. Ici des éléments filants et, tout là-haut, des petites boîtes métalliques donnant une impression de légèreté... Une fois passé sous un porche et sous deux bâtiments, on chemine librement le long d'un jardin résidentiel, avec cette sensation de « violer » la propriété privée au profit d'une promenade urbaine. Des venelles qui enrichissent la promenade urbaine reprennent ici le thème des cités-jardins. Et puis ce rapport à la mer et au port est entretenu sur quelques façades par l'usage symbolique d'éléments de Corten, mis là pour rappeler ces coques de vieux bateaux aux tôles rouillées.

X.F. — À Barcelone, les grands blocs organisés en damier de Cerdà [12] masquent les cours intérieures. On ne voit jamais ce qui s'y passe. La ville est quadrillée et ce ne sont que des ensembles fermés. À Amsterdam, les jolies façades anciennes cachent de grands jardins qui fleurissent au cœur des îlots. À Lorient, nous avons ouvert nos îlots. La fragmentation assure une porosité entre l'activité du boulevard qui perdure et l'animation qui va se développer au cœur de la nouvelle résidence. Au final, sur 25 000 m², et en plus des 300 logements, des commerces en rez-de-chaussée, des bureaux et 400 places de parking en sous-sol. La vie s'organise en bénéficiant de tous les atouts d'une mixité fonctionnelle caractéristique de la vraie ville.

F.P. — Logement toujours, à Nantes Face à la Loire [13] renverse Steel Band à la verticale en quelque sorte...

J.V. — Pour ce projet, comme pour tous les projets d'urbanisation verticale, le pied était court. Comment toucher le sol ? Quelle tolérance et comment faire vivre la ville avec ce nouvel élément vertical ?

Par où et comment gérer les accès ? Qu'est-ce qui se passe au pied de la tour ? Ces questions nous ont passionnés. Dommage que Face à la Loire restera à l'état de projet, mais l'expérience nous permettra de relever de nouveaux défis.

F.P. — Le siège de la communauté de communes de Pornic vous a permis d'obtenir votre première distinction internationale en 2012. Cela a-t-il été une surprise ? Ce bâtiment le méritait-il plus qu'un autre, selon vous ?
J.V. — Trois projets étaient proposés pour le World Architecture Festival (WAF) à Singapour : un projet, Touching the Loire, et deux réalisations, Steel Band et Salorge. Steel Band, au trait plus engagé, mais controversé, nous paraissait mieux placé, et puis nous avons senti un accueil naturel et une plus large adhésion pour Salorge qui offre un exemple bien abouti de notre démarche ou de notre process, si on préfère...

F.P. — Un concept que vous dégagez après coup ?
J.V. — Un prospect chinois nous interroge. Il nous envoie des documents graphiques et nous demande un avis sur le travail qui lui a été fourni : « Et vous, c'est quoi votre "concept" ? » Entre cultures si différentes, impossible pour nous de répondre puisque le concept Arcau n'existe qu'au terme du process de réflexion. Ce qui nous intéresse, c'est de connaître le site et notre interlocuteur... La démarche de l'atelier est d'abord de nature anthropologique. La logique des projets ne tient pas dans la plastique des projets. Elle tient dans l'urbanité avec laquelle il faut compter et avec celle que nous souhaitons développer. Le concept est virtuel, le process pragmatique.

F.P. — Revenons à la Salorge. Une unanimité s'est dégagée autour de ce projet, mais, pour vous, ce projet est-il exceptionnel ?
J.V. — Ce bâtiment a d'exceptionnel la reconnaissance et les récompenses qu'il s'est attiré. Il nous a donné la satisfaction d'avoir trouvé là la meilleure réponse que nous pouvions formuler au problème posé. La Communauté de communes se dote de nouvelles compétences, il faut lui construire un siège, donc : à quoi doit ressembler l'hôtel de la Communauté ? Comment le bâtiment peut-il restituer le territoire, première chose ? Et, deuxième chose, comment inscrire un projet comme celui-là, qui va devenir un lieu de travail pour une soixantaine d'agents, dans un endroit aussi peu défini qu'un parc tertiaire en lisière de ville ?

X.F. — Sous la pression forte du président et des élus du Conseil qui ne voyaient d'autre référence que l'architecture traditionnelle, nous devions très clairement conformer le gabarit de notre projet à celui défini par la pente des tuiles du pays ! Autant dire que le postulat était réducteur et pas très encourageant. Mais après avoir remporté le concours, nous avons continué à travailler le projet aux côtés du maître d'ouvrage. L'un et l'autre, nous avons doucement évolué jusqu'à la version définitive qui respectait l'esprit régionaliste de la collectivité mais que nous avons complètement assumé grâce à la salorge, le grenier à sel des marais salants que l'on trouve tout le long du littoral de la côte Atlantique dans le Pays de Retz.

F.P. — Ce bâtiment traditionnel était-il déjà récupéré dans la communication de vos interlocuteurs ?
X.F. — La salorge est une référence locale et culturelle commune à tous les administrés de l'agglomération, du nord au sud de l'estuaire. Très attaché à son histoire et à son territoire, le président a compris le lien et le parti qu'il pouvait en tirer. Nous avons touché là un point sensible. S'il ne nous avait pas piloté au départ sur une thématique aussi stricte, nous n'aurions pas pris ce chemin, nous nous serions égarés, mais nous avons créé un lien entre une image culturellement très figée et la modernité architecturale. Notre démarche n'a pas été contrariée, nous n'étions pas en opposition, mais en accompagnement...
J.V. — Un accompagnement que nous avons assuré jusqu'au bout. Soixante personnes ont pris possession de ce plan assez classique. Dehors, la rue d'accès entre les deux ailes du bâtiment guide le public et les personnels vers le hall. C'est un vaste espace central que les usagers se sont approprié. Un lieu de rencontre, une place au milieu du village. Une passerelle franchit le grand volume dégagé sur double hauteur, mais le bâtiment n'est pas non plus hors de cette échelle domestique qui tranquillise.

F.P. — Entre l'industriel et le tertiaire, pouvez-vous parler du centre de formation d'apprentis (C.F.A.) de Quimper. [14]
J.V. — Le pôle alimentaire est le premier bâtiment neuf venu pour mettre de l'ordre dans un site très dégradé à la place du C.F.A. du bâtiment qui lui-même avait déménagé quelques années plus tôt sur un autre site. L'environnement que découvraient des jeunes de 15-16 ans, placés en internat, n'était pas très glorieux. Nous

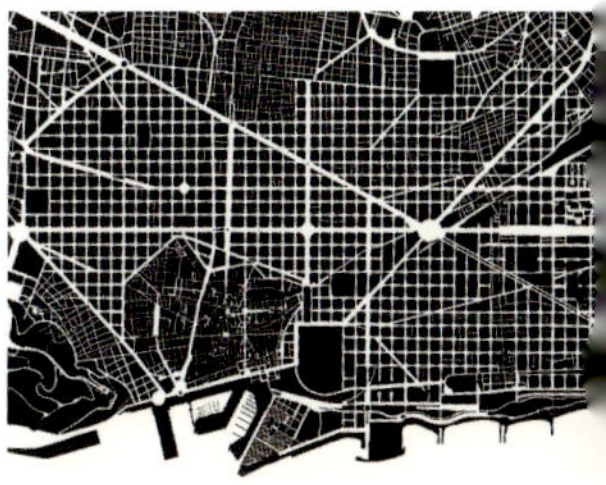

12. Plan masse de Barcelone : Cerdà

13. Face à la Loire (Nantes)

14. Sur la crête (Quimper)

avons gagné le concours en proposant d'améliorer les conditions d'accueil et en tournant le centre de formation vers la vallée.
X.F. — Le complexe pédagogique que nous avons trouvé avait été développé sans plan directeur sur plusieurs périodes étalées sur une trentaine d'années. Entre le scolaire, les ateliers, l'hébergement, l'administratif, qui chaque fois avaient dû trouver leur place, le site était devenu anarchique. Après avoir éliminé quelques bâtiments qui gênaient le développement du nouveau plan masse, nous avons choisi d'installer dans son rôle titre le pôle alimentaire en premier plan, face à la vallée. Nous avons créé une succession d'ateliers desservis par deux couloirs. Le monolithe, lui, s'inscrit dans la pente. Il tire une ligne dans le paysage et il efface d'un trait franc toute une histoire passée qu'il dissimule derrière lui. La fonction conduit au plan, avec des ateliers et des salles de cours au centre du bâtiment. Les locaux sont desservis au nord par un grand couloir, déployé en plusieurs séquences qui rythment la façade, et au sud par une coursive qui assure, en alternance, l'approvisionnement des marchandises et la sortie des déchets. Et puis nous avons proposé un forum. Non prévu au programme. Il s'agissait de centraliser les flux fonctionnels de l'ensemble des pôles de formation. Une position stratégique et un passage obligé au cœur du site pour offrir un lieu d'accueil et de rencontre aux services des élèves et des enseignants. Un bonus en quelque sorte.

F.P. — Derrière ce forum, il y a aussi un important pôle mécanique.
J.V. — Nous avons su préserver et transformer un bâti existant dédié jusqu'alors à la formation aux métiers du bâtiment. Dans le cadre d'un budget tendu, nous avons réfléchi à la réaffectation de ce bâtiment. C'est aussi ça, le développement durable. Une réflexion payante qui nous a permis de faire une belle économie. Aussitôt réinvestie dans notre bonus, le forum !

F.P. — Comment décririez-vous plus précisément ce pôle alimentaire ?
J.V. — Il n'y a qu'un seul plateau très fonctionnel. Et comme le terrain est aussi en pente dans sa longueur, dans la portion la plus profonde, nous avons profité des volumes récupérables pour y installer le pôle coiffure et les locaux techniques de services et d'approvisionnement. Sinon, c'est un plateau assez épais découpé par des patios qui apportent la lumière et la ventilation dans les salles de travail, les laboratoires de pâtisserie, de boulangerie, etc. En façade sud, les lames de châtaigniers accompagnent les flux et reflux des préparations alimentaires.
X.F. — Cette coursive extérieure, nous l'avons conçue comme une promenade qui profite du site et de la bonne exposition. Ces lames de châtaignier protègent la coursive et les locaux de l'exposition sud. Elles créent la porosité nécessaire d'une façade ouverte et agissent en tant que filtre visuel. Jeux d'ombres et jeux de lumière sur les locaux qu'elles défendent. La façade nord tranche par sa détermination. Son grand voile béton, filant sur toute la longueur du bâtiment marque son territoire. Elle accompagne l'autre promenade qui guide les jeunes apprentis vers les autres locaux et l'internat.
J.V. — Nous avons réussi à effacer les problématiques logistiques d'un bâtiment de ce type. Quand on tourne autour, il n'y a pas de façade arrière, il n'y a pas de façade logistique, il n'y a pas de poubelles qui traînent dans un coin. Les quatre façades sont traitées avec soin. Le bâtiment se décolle et les véhicules se glissent dessous pour les livraisons. C'est une plaque mise à l'horizontale dans la pente et sous laquelle nous avons creusé par endroits pour glisser d'autres éléments du programme.
X.F. — Dans le site, ce bâtiment paraît presque fragile. Les lames de châtaignier semblent pouvoir vibrer comme des cordes. Les poteaux désaxés qui portent le volume lui donnent l'air de flotter un peu...

F.P. — Le bâtiment a beau être horizontal, il est très stratifié. Un peu comme la production de votre atelier. Quels liens thématiques ou quelle évolution y voyez-vous depuis dix ans ?
X.F. — C'est peut-être dans la définition des projets qu'on peut trouver une unité. Au cours de ces dix dernières années, nous avons abordé beaucoup de nouveaux sujets, autant de nouvelles expériences qui ont fortifié notre réflexion. D'un projet au suivant qui ne lui ressemble pourtant pas, le fil conducteur existe, selon une pensée à la fois homogène et diversifiée. Nous en sommes persuadés.
J.V. — En contribuant à convaincre plus facilement les maîtres d'ouvrages, les réalisations passées nous aident à aller plus loin dans nos recherches.
X.F. — Les programmes plus les contextes provoquent des émotions, des réactions qui finissent toujours par susciter des réponses. Mais nous ne nous sommes jamais enfermés dans un schéma. L'atelier Arcau a-t-il un style ? Je ne crois pas. Ça ne me préoccupe pas.

L'expression architecturale qui doit émerger ne se prédétermine pas, pour préserver toujours plus d'envie et de liberté.

F.P. — Xavier est président de la Maison de l'architecture et des espaces en Bretagne (M.A.e.B.). Difficile de ne pas citer Perec. Alors, d'abord, quelle espèce d'espaces ? Ensuite, pourquoi accepter cette responsabilité ?
XF — J'ai rejoint la Maison de l'architecture en Bretagne à la demande de mon prédécesseur il y a trois ans puis j'ai été désigné président sans l'avoir choisi, mais j'assume ce rôle avec conviction. J'ai souhaité que la maison de l'architecture devienne également maison des espaces (MAeB) parce que l'architecture n'est pas une fin en soi. C'est le dernier maillon qui n'existe que pour être accueilli dans un environnement qu'il faut d'abord savoir respecter. Espaces urbains, espaces paysagers,espaces littoraux ou ruraux, la Bretagne réunit tous ces espaces qu'il faut observer, mettre en valeur, préserver et sécuriser, et c'est de leur cohérence dont l'atelier Arcau se préoccupe tout au long de ses projets.

F.P. — « Partageons la culture architecturale et urbaine » est le slogan de la M.A.e.B. Vous considérez-vous tous les deux comme des pédagogues ?
X.F. — Pour défendre nos projets au quotidien, architecture et urbanisme, il faut être pédagogue. Et puis, il est temps de rendre à l'architecture ce qu'elle m'a apporté depuis des années !
JV. — Professeur, sûrement pas... pédagogue, je crois que oui. Cette nécessité commence avec notre équipe, qu'il faut savoir écouter et convaincre. Elle se poursuit avec les maîtres d'ouvrages, les entreprises et bien sûr le grand public. Dans le cadre de la création de nouveaux quartiers, quand vous avez face à vous 200 personnes dans un amphithéâtre venus pour « échanger » sur un projet d'envergure qui va changer pour longtemps leur quartier, il est indispensable d'être pédagogue. On apprend très vite !

F.P. — Jusqu'où s'étend la compétence de l'architecte ?
X.F. — La comédienne Emmanuelle Devos dit qu'elle bosse dur pour parfaire son élocution, apprendre ses textes et répéter ses rôles, mais qu'elle n'a jamais l'impression de faire un travail contraignant tant elle y prend de plaisir. Je m'approprie ses propos car la passion pour l'architecture ne doit pas s'effacer derrière ce qui est également un métier généraliste d'architecte. Un métier de devoir qui grâce à un apprentissage qui dure des années, fait des créateurs et des artistes que nous sommes des entrepreneurs, des managers d'équipes pluridisciplinaires, des techniciens doublés d'experts responsables de la coordination des hommes, des métiers et des ouvrages.
J.V. — Nous tenons à contrôler la réalisation de nos projets jusqu'au bout. Alors, nous trimons et nous demandons beaucoup à notre équipe. Nous avons besoin de collaborateurs rigoureux, curieux, inventifs, passionnés à nos côtés. La vaillance dont j'ai déjà parlé, elle se retrouve toute entière dans notre engagement et dans notre exigence.

salorge

PORNIC

page précédente façade d'entrée - mise en valeur des strates architecturales du bâtiment (peau, structure, volumes)
1 perception depuis le quartier, angle Sud-Est : une présence architecturale singulière

2

PROGRAMME : Siège de communauté de commune / **SURFACE :** 2710 m^2 / **PARFAIT ACHEVEMENT :** 2012 / **PERFORMANCE ENERGETIQUE :** Certification BBC

Pour que le siège de la communauté d'agglomération représente véritablement le territoire et les habitants qu'il administre, l'atelier a opté pour une proposition contextuelle relevant par courtoisie, à l'appartenance du projet au lieu, et à son histoire. Les architectes se sont intéressés à ce que la tradition du pays de Retz pouvait avoir de spécifique et ils ont développé un projet réinterprétant les greniers à sel, les « salorges », qui essaiment en cette partie de la côte atlantique le littoral maritime depuis la presqu'île de Guérande jusqu'à la Vendée.

L'entrée du public se fait tout naturellement au sud, entre les deux ailes du bâtiment, le long d'un espace traité telle une rue. Dans un parc tertiaire jeune et déjà dense, ce caractère urbain est affirmé par le mobilier extérieur et le traitement minéral du sol, en contraste avec les façades qui l'encadrent plus chaleureuses. Deux volumes simples aux formes du bâti traditionnel sont réunis autour du hall d'accueil, double hauteur, prenant valeur de place publique dans la continuité de la « rue » d'accès.

Par une disposition cadencée des bardeaux de bois brise-soleil contre le plan des façades, les parties vitrées du bâtiment se découvrent au fur et à mesure de son approche. La peau de bois, protectrice, répond aux exigences d'une démarche environnementale ; une peau épaisse qui assure l'isolation nécessaire du bâtiment par l'extérieur, la structure béton assurant une bonne inertie thermique. Le design structuré de la façade alterne pleins et vides ; il participe à la maîtrise des expositions solaires et génère une animation permanente d'ombre et de lumière. La vêture se retourne sur une cinquième façade « protectrice », gage d'une écriture apaisante et rassurante, mêlant en toute homogénéité tradition et modernité.

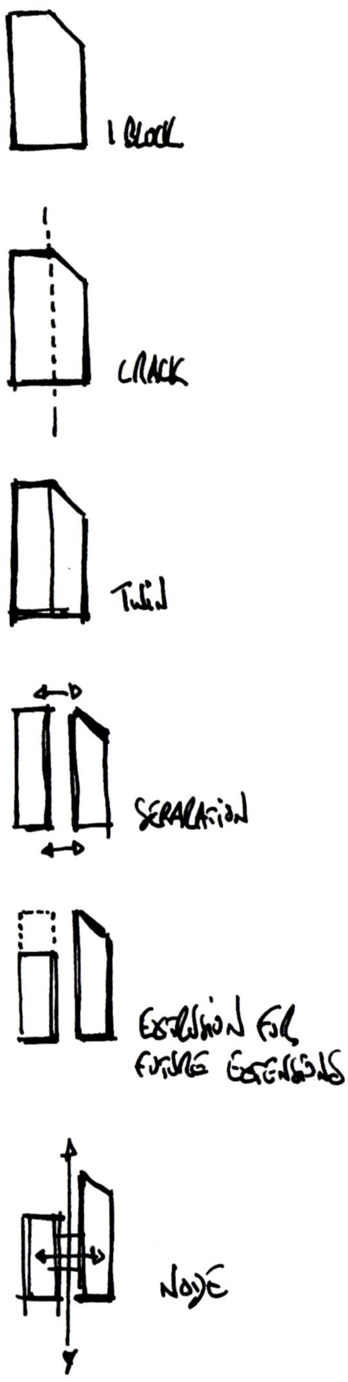

CROQUIS D'INTENTION

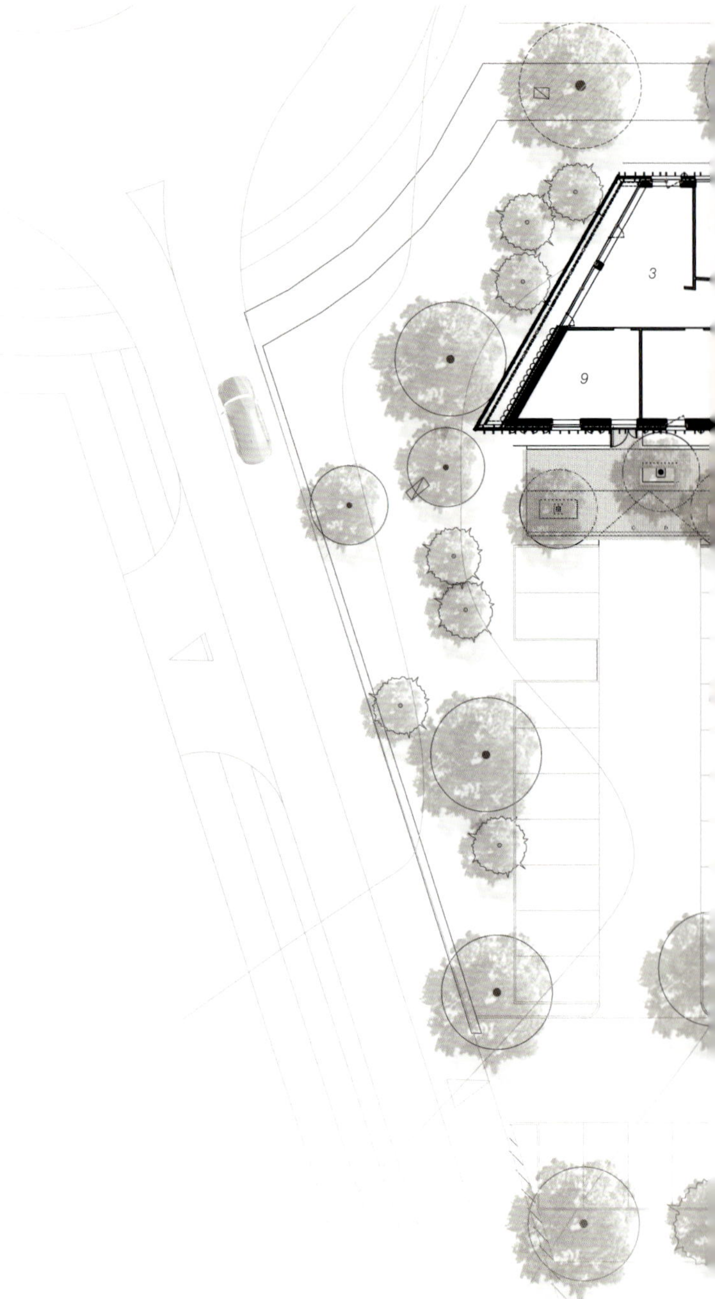

1 — HALL D'ENTRÉE
2 — SALLE DU CONSEIL
3 — RESSOURCES HUMAINES
4 — SALLE DE RÉUNION
5 — BUREAU
6 — REPROGRAPHIE
7 — SALLE DE DÉTENTE
8 — SANITAIRES
9 — RANGEMENT
10 — LOCAL RECYCLAGE

PLAN D'ÉTAGE COURANT

COUPE TRANSVERSALE SUR LE HALL D'ENTRÉE

1

6

2

3

4

5

1, 2, 3, 4, 5, chantier
6 image référence d'un grenier à sel traditionnel en Loire Atlantique

1 — UPAF
2 — STRUCTURE ACIER LAQUÉ
3 — PANNEAUX PHOTOVOLTAÏQUES
4 — BARDAGE BOIS
5 — STRUCTURE PANNEAUX PHOTOVOLTAÏQUES
6 — MUR RIDEAU ALUMINIUM LAQUÉ NOIR
7 — GARDE CORPS ACIER LAQUÉ
8 — PLATELAGE BOIS
9 — STRUCTURE PASSERELLE ACIER LAQUÉ
10 — SOUS FACE BARDÉE BOIS RÉTIFIÉE SUR OSSATURE MÉTALLIQUE
11 — MUR RIDEAU À TRAME HORIZONTALE
12 — POTEAU ACIER LAQUÉ
13 — TERRASSE BOIS SUR LAMBOURDES ET FORME BÉTON

1 — LAMES DE BARDAGE PERPENDICULAIRE AU PLAN DE TOITURE - BOIS RÉTIFIÉ
2 — CHEVRON
3 — LATTE BOIS
4 — PANNE ACIER
5 — CHARPENTE ACIER
6 — PONT THERMIQUE
7 — ISOLATION
8 — STORES EXTÉRIEURS
9 — FOND PLAFOND ACOUSTIQUE SUSPENDU
10 — TABLETTE BOIS LAQUÉ
11 — RADIATEUR
12 — BARDAGE BOIS
13 — OSSATURE BOIS VERTICALE
14 — PLAQUE D'ANCRAGE
15 — OSSATURE BOIS HORIZONTALE
16 — PARE VAPEUR
17 — GRAVIERS
18 — LUMIÈRE À FAIBLE INTENSITÉ
19 — PAVÉS

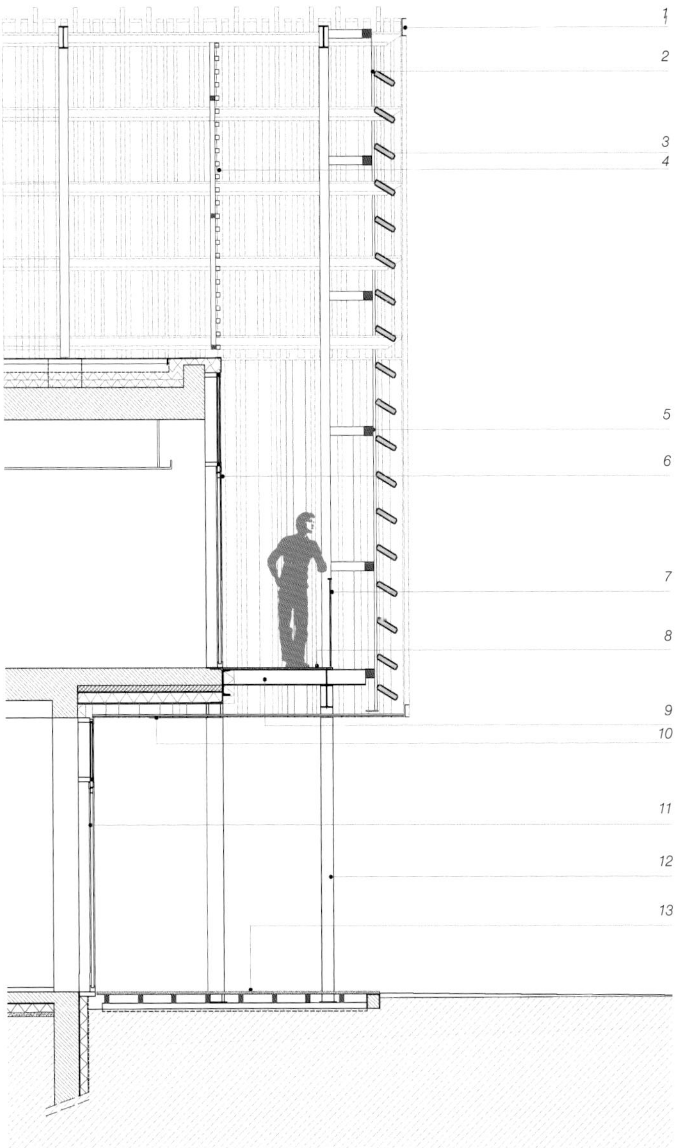

COUPE DÉTAIL SUR LA FAÇADE SUD-OUEST

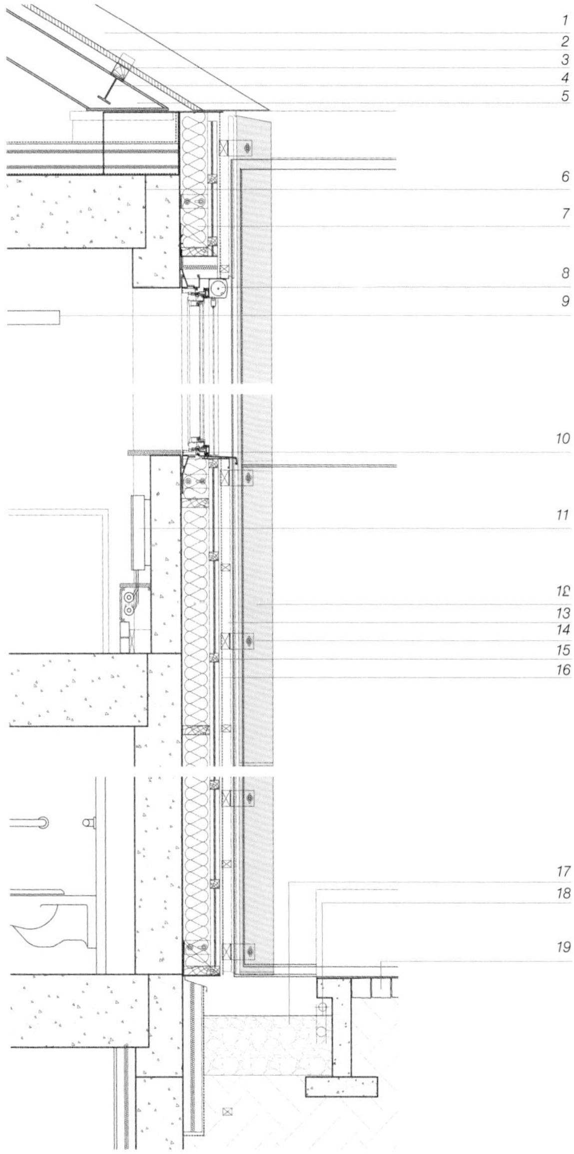

COUPE DÉTAIL SUR LA FAÇADE DU PATIO D'ENTRÉE

1

2

3

1 rue piétonne pavée sur fond d'une séquence entre volume et matériaux

2 cohabitation entre des silhouettes architecturales reprenant la volumétrie de l'architecture traditionnelle locale

3 language du bois

4 façade nord ouest : bardage bois continu autour des espaces de travail et des espaces techniques (toit)

4

1 — PATIO D'ENTRÉE
2 — SALLE DU CONSEIL
3 — BUREAU
4 — COULOIR
5 — SALLE D'ATTENTE
6 — SANITAIRES
7 — LOCAL TECHNIQUE
8 — ARCHIVES
9 — PARKING

COUPE TRANSVERSALE

1 lumière du soir : les volumes principaux tendent à disparaître tandis que le hall d'entrée se met à briller

2 conversation entre silhouettes urbaines

3 scène Hitchcockienne

page suivante ambiance nocturne sur le patio d'entrée

1

2

3

1

2

3

4

1 détail de charpente

2 depuis la passerelle du hall d'entrée vers le patio

3 ambiance calme et chaleureuse dans le hall d'entrée

4 langage des verticales

page suivante de nuit, le bardage et la structure deviennent un tout muet, révélant la nature des activités intérieures du bâtiment

RUE
Dr Ange GUÉPIN

bastion urbain

LORIENT

page précédente un repère urbain fort et singulier pour un nouveau front de mer
1 citadelle de vauban à Belle île en mer

2

PROGRAMME : 62 logements, jardin pour enfant et services / **SURFACE :** 6323m² / **COMPETITION :** 2012

70 ans, c'est court dans l'histoire d'une ville…les efforts d'à peine plus de deux générations « après guerre »* auront suffi pour que Lorient concrétise sa volonté de reconquérir sa rade. La cité de la voile, et la reconversion de la base sous-marine, le nouvel hôpital, et maintenant c'est au tour du péristyle d'accélérer sa mutation urbaine.

A la convergence de tous les flux, piétons, maritimes, fluviaux, le lieu qui peut apparaitre depuis la ville comme sa limite en front du Scorff, est pourtant bien la proue de la ville-centre quand on le découvre par la mer, depuis les autres rivages de la rade. Aux côtés de la maison de l'Intercommunalité que l'architecte a choisi de décoller de l'esplanade, préservant ainsi les continuités visuelles, il revient à l'îlot 4a de retourner la trame parcellaire du projet urbain vers le sud, vers l'entrée de la rade.

De prime abord, la perception lointaine du bâtiment laissera découvrir une silhouette simple, essentielle, dépouillée de tout artifice, en concordance avec son échelle métropolitaine. L'architecture de l'îlot est à la fois très homogène et très travaillée à partir d'une émergence dont les contours découlent naturellement du travail sur les usages des niveaux de commerces, de services, activités et sur les modes d'habiter, en concordance avec une perception urbaine à l'échelle du quartier. Un parcours belvédère mettant en scène la générosité du paysage qu'il théâtralise au bénéfice des résidents et usagers des lieux en concordance avec la perception de l'îlot proprement-dit à l'échelle individuelle de ceux qui y vivent. Trois strates de lecture et d'appropriation déclinées autour de cette idée d'une architecture composite, sculpturale, dans une dynamique de mouvement.

*La ville de Lorient a été détruite lors des bombardements de la 2ème guerre mondiale 1939-1945.

1

2

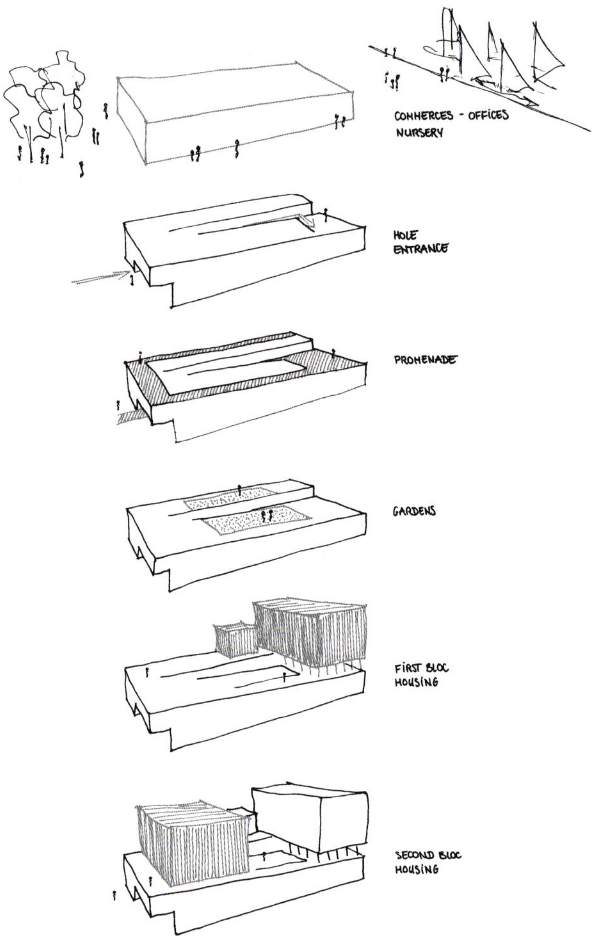

CROQUIS D'INTENTION

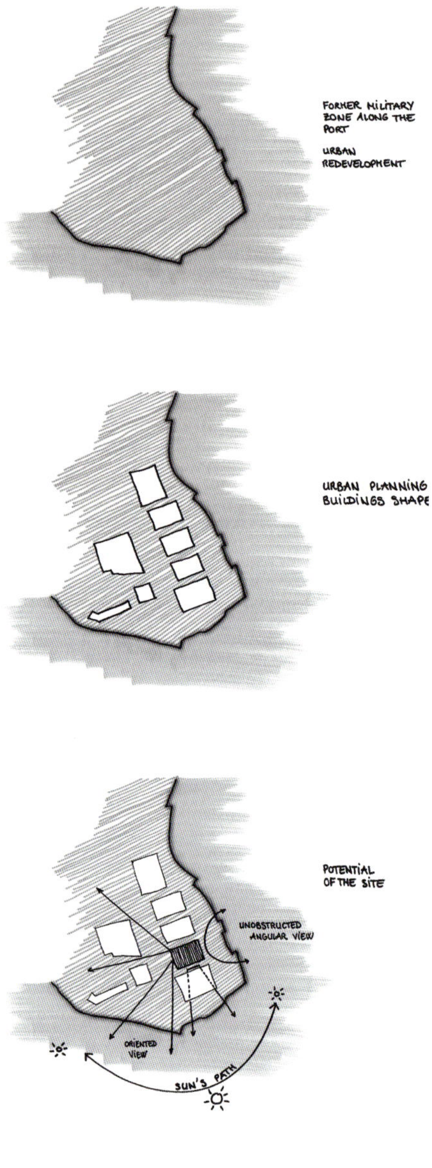

1,2 citadelle de vauban à Belle île en mer

1 — BUREAUX ET COMMERCES
2 — LOCAL ORDURES
3 — COULOIR
4 — T1
5 — T2
6 — T3
7 — T4
8 — PONT SUPÉRIEUR
9 — JARDIN SUSPENDU

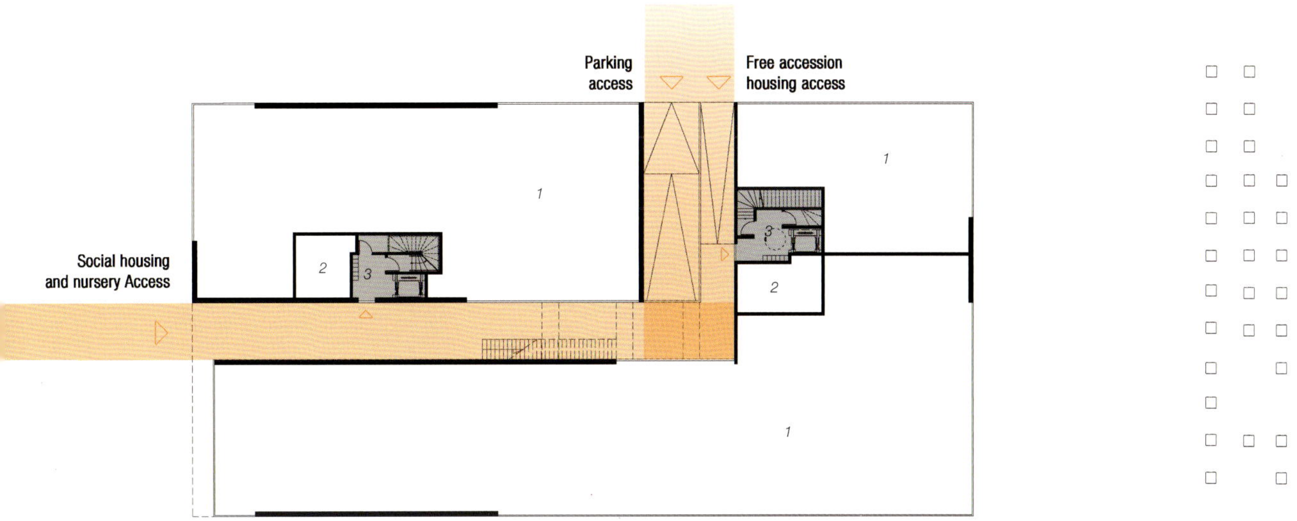

PLAN D'ÉTAGE COURANT ET PREMIER ÉTAGE

ÉLÉVATION SUD-EST

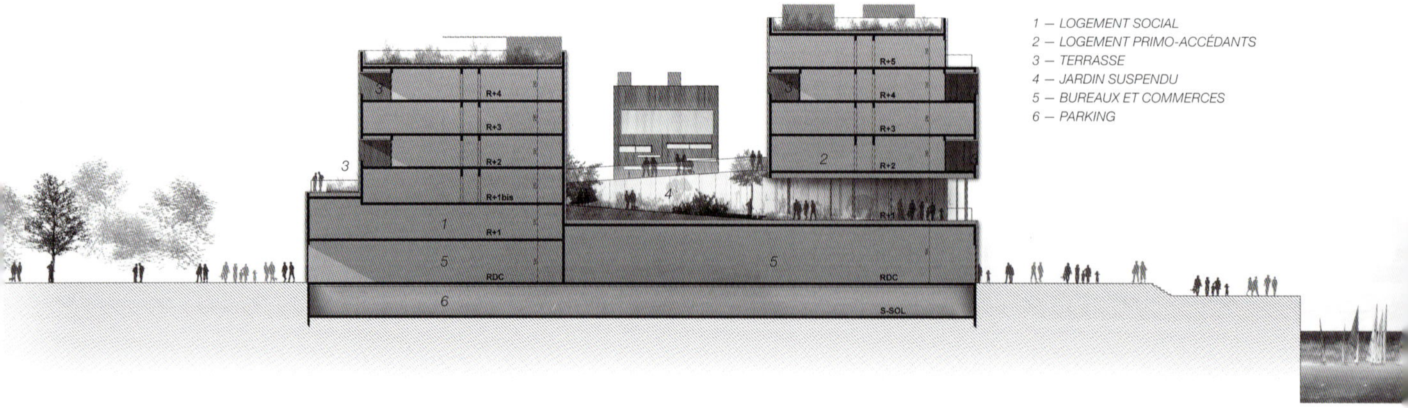

1 — LOGEMENT SOCIAL
2 — LOGEMENT PRIMO-ACCÉDANTS
3 — TERRASSE
4 — JARDIN SUSPENDU
5 — BUREAUX ET COMMERCES
6 — PARKING

COUPE TRANSVERSALE

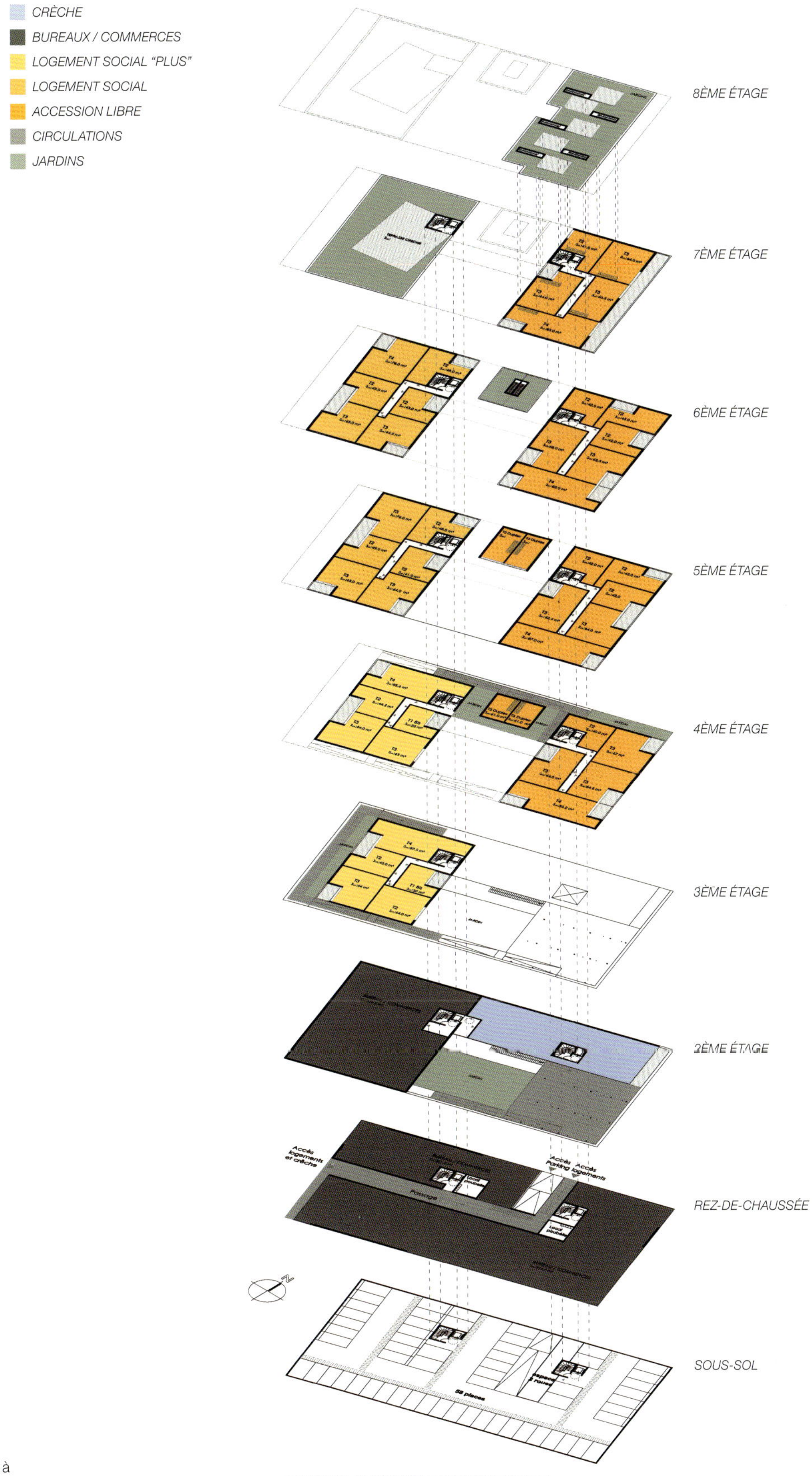

PROJECTION AXONOMÉTRIQUE DU PROGRAMME

1 vue du pont supérieur sur la rade de Lorient

page suivante présence architecturale participant à l'animation de la nouvelle promenade sur les docks

matrice paysagère

ST BARTHELEMY D'ANJOU

page précédente arêtes saillantes et reflets rayés dans une zone industrielle
1 dégradés de teintes, couleurs et matériaux sur un talus paysager

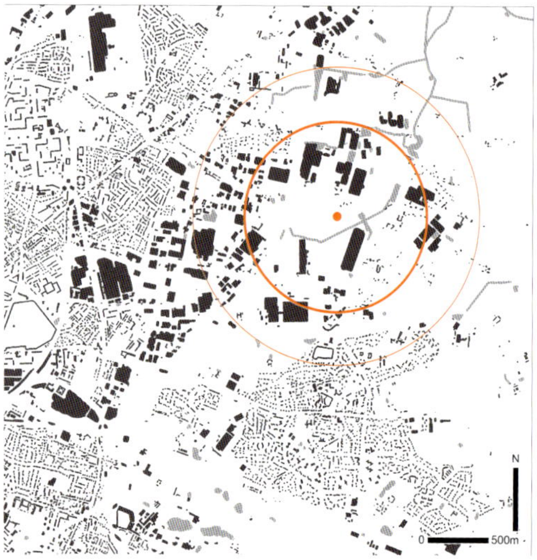

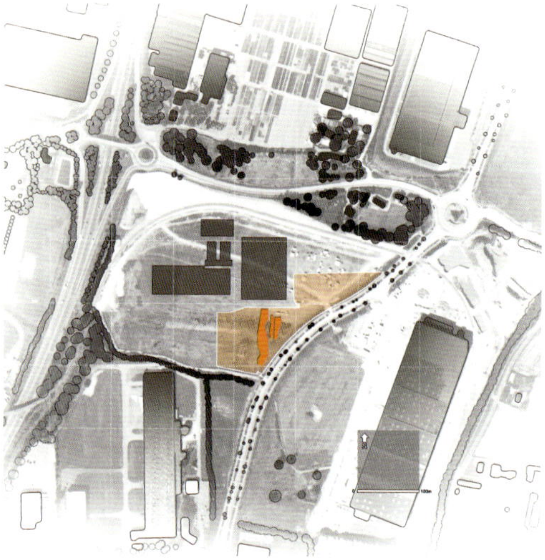

2

PROGRAMME : Centre technique Biopôle / **SURFACE :** 2794 m² / **PARFAIT ACHEVEMENT :** 2011
PERFORMANCE ENERGETIQUE : Certification BBC

Le terrain d'assiette destiné à la réalisation du futur centre technique biopôle à Saint-Barthélémy d'Anjou était caractéristique d'un « non-paysage ». Au-delà d'un projet satisfaisant aux exigences fonctionnelles de l'équipement commandé à l'atelier, les architectes ont, à partir de l'observation d'un site artificiel modelé par la main de l'homme, suggéré une succession d'évènements géologiques imaginaires.

Dans la plaine une émergence se forme et s'inscrit dans l'histoire du site. A ce stade, des éléments de réponses à plusieurs problématiques environnementales posées dans le programme sont déjà esquissées - le projet est relief et se fond dans le paysage - l'ébauche des couvertures végétalisées garantit l'inertie thermique et la gestion des eaux pluviales - une « nappe » dispose librement les fonctions.

L'émergence est fragmentée, une partie est arasée pour développer le plateau technique, une autre dessine la grande façade. La « motte » préservée abrite les bureaux, vestiaires, locaux techniques... Elle est cisaillée pour dégager les circulations et guider la lumière. Le bâtiment principal regroupe l'ensemble des locaux de travail, à l'est le développement paysager déployé par le projet sur lui-même. Chaque événement géologique est lié aux exigences de l'usage, le projet qui en résulte s'organise autour des failles et des ruptures, permettant de hiérarchiser l'organisation des espaces et des flux.

Une vêture inox habille les volumes. Elle réfléchit le ciel et l'environnement dans lequel le bâtiment se fond et émerge de son enveloppe paysagère.

1

1 rendu de concours

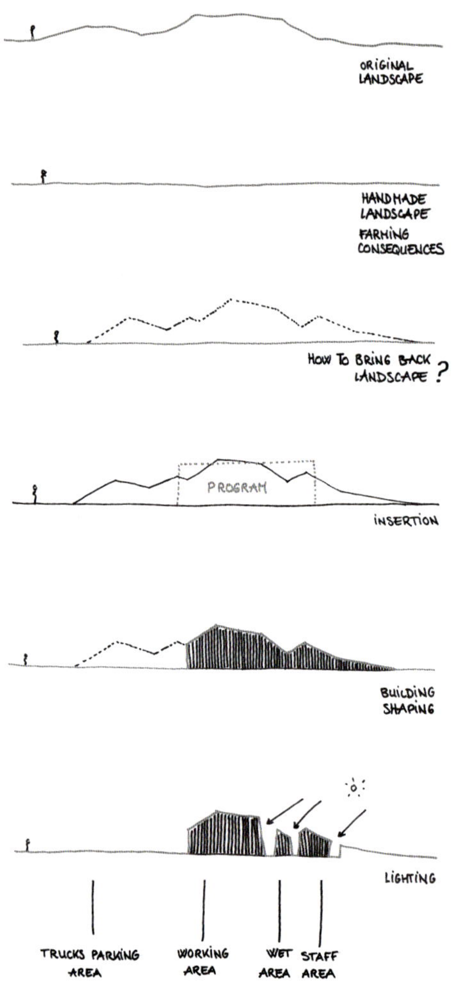

CROQUIS D'INTENTION

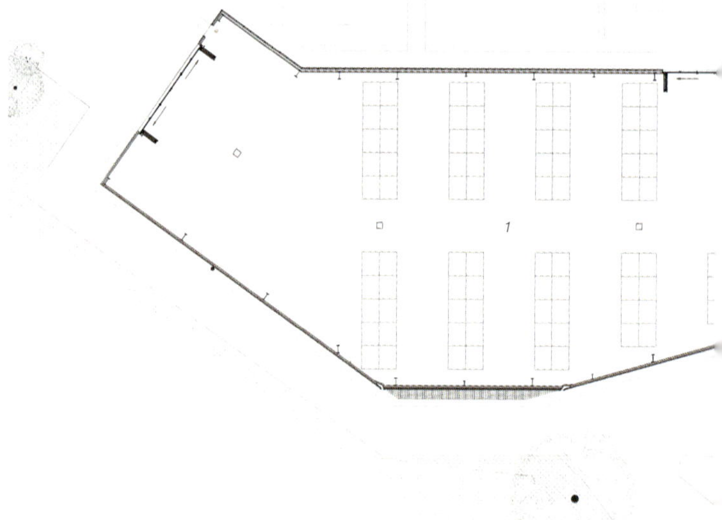

1 — AIRE DE STOCKAGE COUVERTE
2 — ATELIER
3 — BUREAU
4 — SALLE DE RÉUNION
5 — COUR DE LA CAFÉTÉRIA
6 — RÉFECTOIRE
7 — SANITAIRES
8 — VESTIAIRE
9 — RANGEMENT
10 — COUR D'ENTRÉE

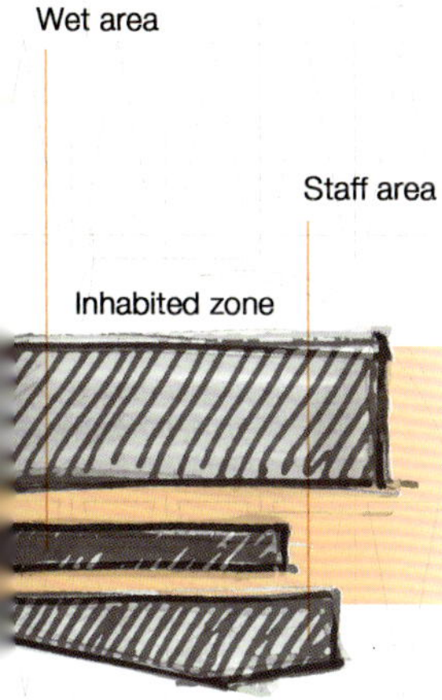

:MA D'ORGANISATION DES FONCTIONS

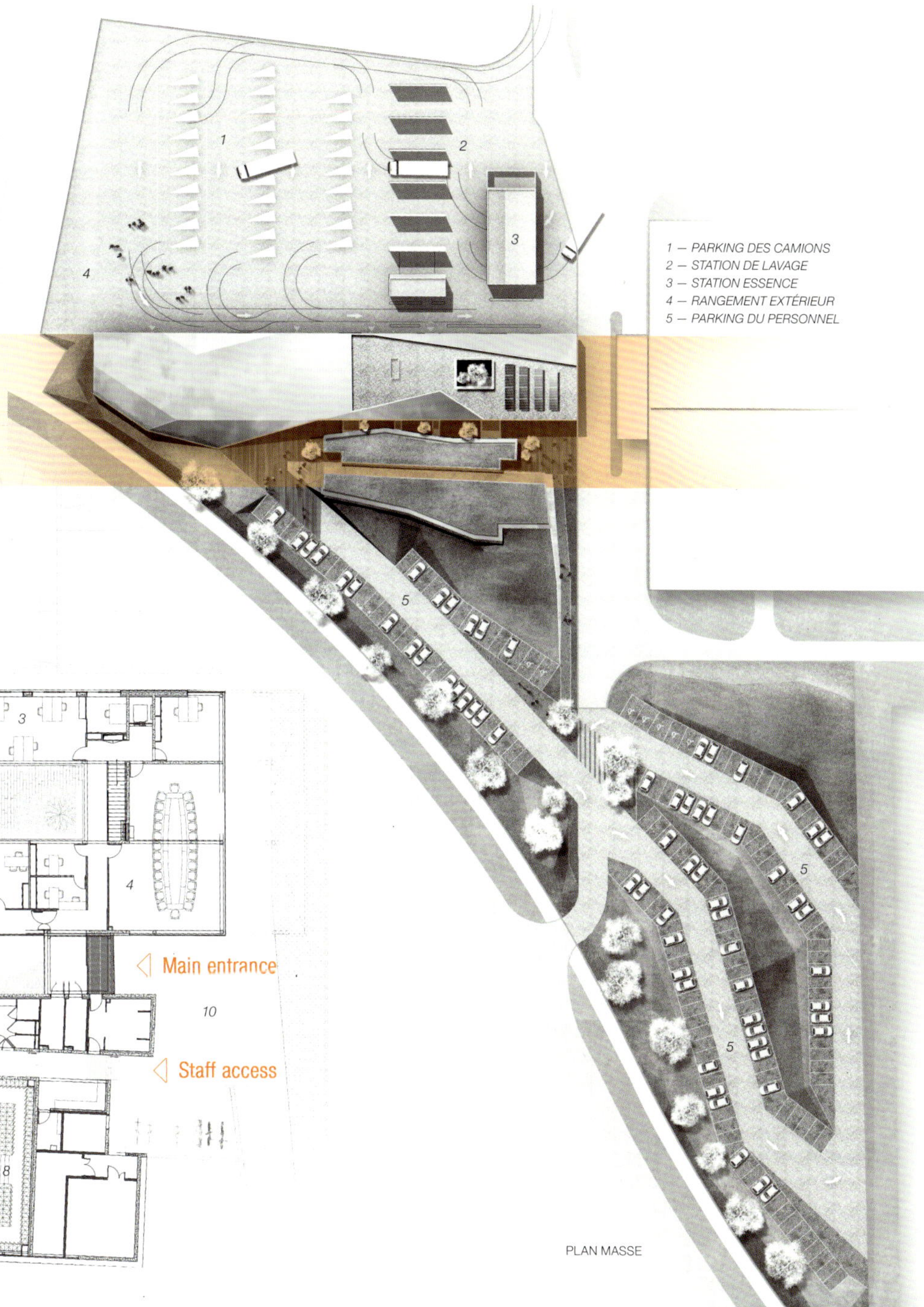

PLAN MASSE

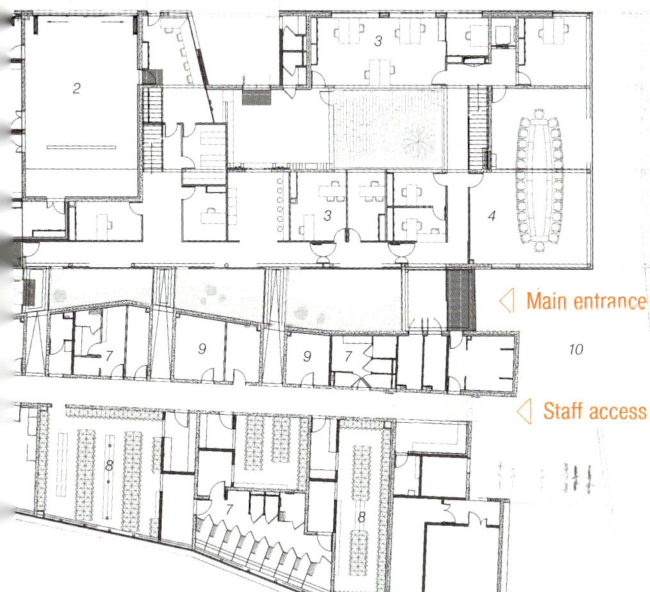

PLAN D'ÉTAGE COURANT

ÉLÉVATION EST

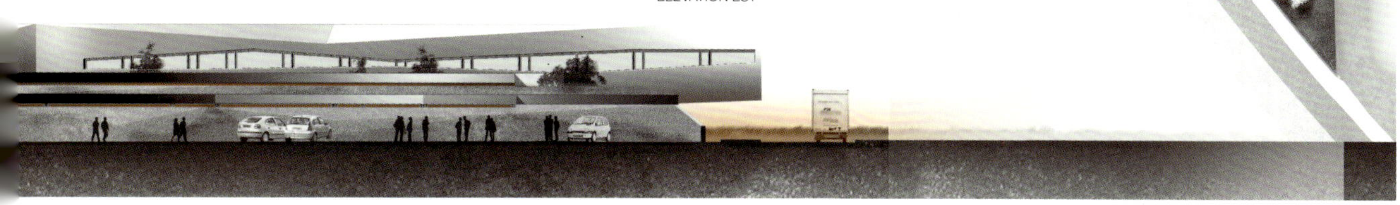

1

2

1,2 chantier
3 lignes brisées et mélange des matériaux

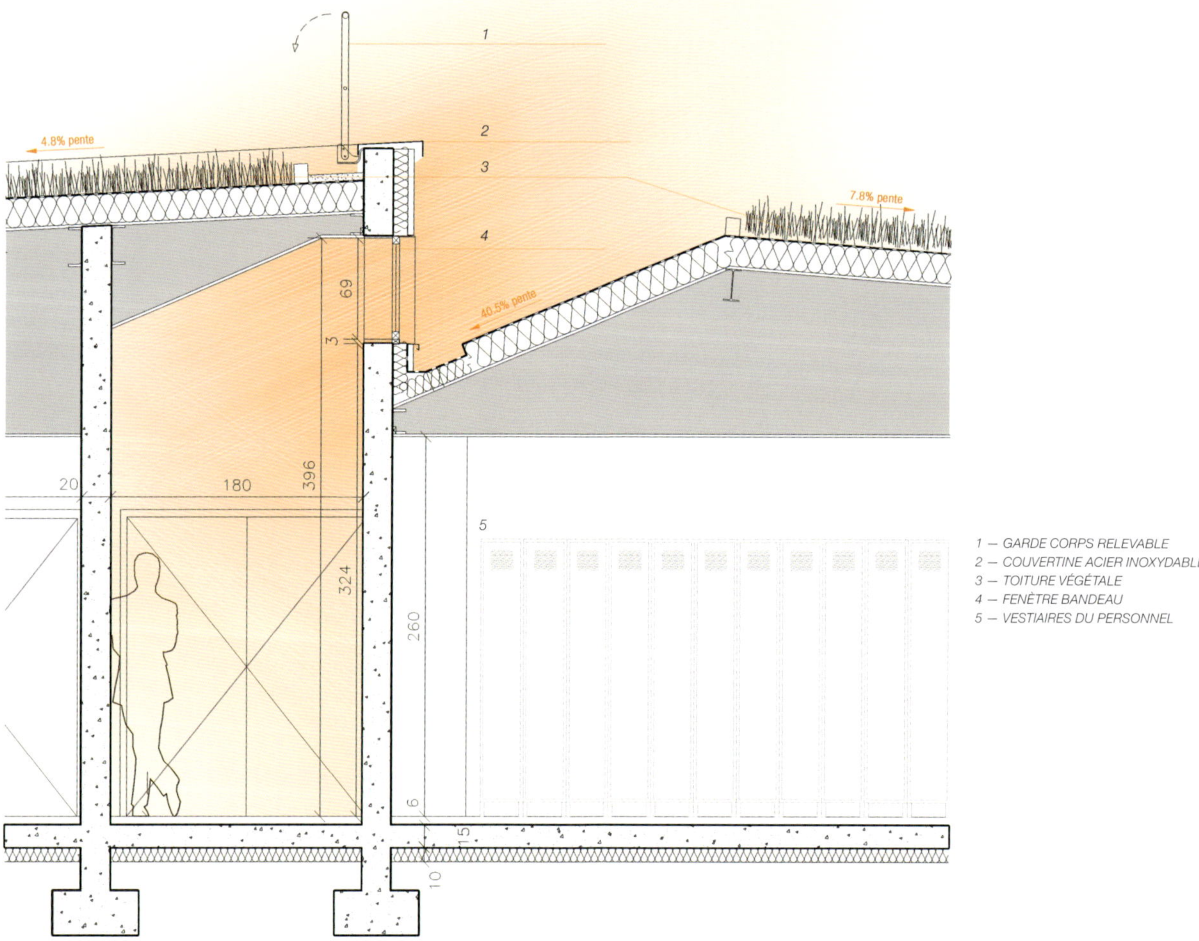

COUPE DÉTAIL SUR LE COULOIR

1 — PARKING POIDS LOURDS
2 — STATION ESSENCE
3 — BUREAUX
4 — SANITAIRES
5 — VESTIAIRE DU PERSONNEL
6 — PARKING DU PERSONNEL

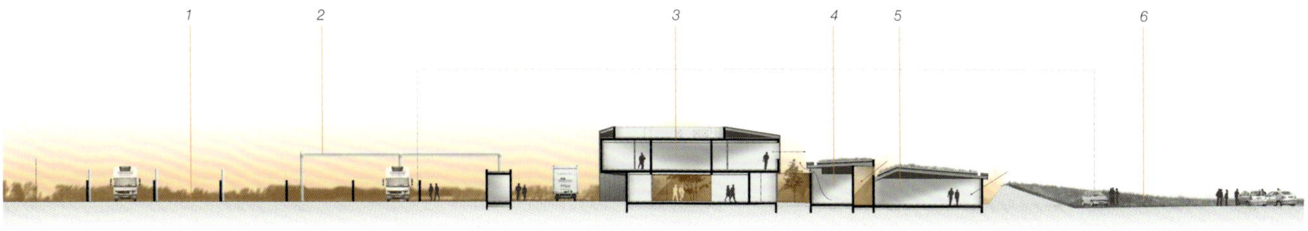

COPE TRANSVERSALE

3

1

2

1 accès vélos et piéton

2 talus végétalisé masquant en partie le volume principal

3 depuis le parking

4 retournement de la façade

page suivante côté terre plein technique - effets moirés de la façade en fin de journée

3

4

1

2

3

1 reflet strié

2 bâtiment technique et bâtiment administratif : 2 échelles adaptées aux usages réciproques

3 côté terre plein technique : façade rugueuse et façade plate

4 rayons caustiques

4

1

2

1,2,3 patio du bâtiment administratif : un endroit calme contrastant avec l'environnement bruyant

3

6 dés dans la pente

DOUARNENEZ

page précédente logement social face à un large panorama sud
1 intégration paysagère : logement au premier plan, et siège social au second plan

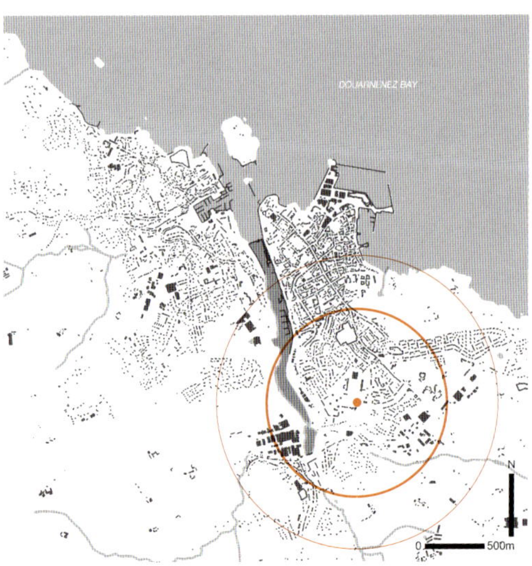

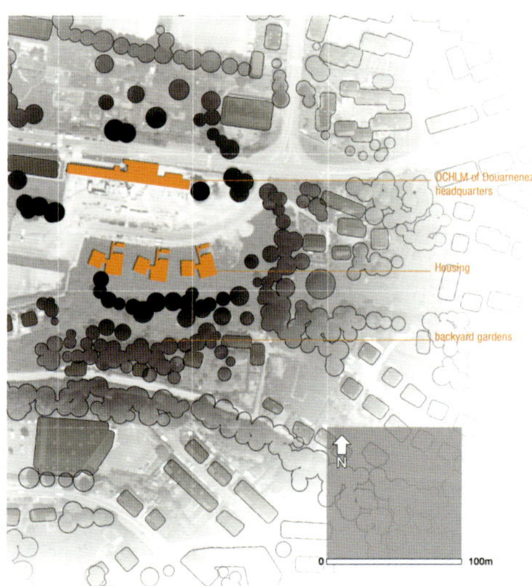

2

PROGRAMME : 16 logements primo-accédants et siège de l'office habitat de Douarnenez / **SURFACE :** 1951 m² / **PARFAIT ACHEVEMENT :** 2011 / **PERFORMANCE ENERGETIQUE :** Certification TPHE (bâtiment à très hautes performances énergétiques)

La singularité de ce projet d'extension urbaine, sur les hauteurs de Douarnenez, tient à la combinaison d'un lieu de vie et de travail (mixité fonctionnelle) en cohérence avec la nature et le milieu environnant, marqué par une pente prononcée, une exposition solaire très généreuse et une accessibilité spécifique (chaque logement bénéficie d'un accès direct depuis l'extérieur).

Ainsi, se superposent sur la même pente, parallèlement, un très filiforme bâtiment de deux niveaux voué aux services (bureaux et ateliers) d'une administration en charge de la gestion de l'habitat social et quatre petits immeubles de 16 logements en R+2 articulés tels les pans d'un paravent pour offrir à leurs habitants une vue remarquable sur le vallon et les jardins familiaux tout proches. De haut en bas les différentes strates se développent en suivant les lignes topographiques : accueil, bureaux et salles de réunion, locaux techniques et logistiques, trois strates de logements, jardins privatifs, promenades publiques et jardins familiaux.

À travers l'assemblage de tous les éléments constitutifs du projet, dans une composition en terrasses, les constructions et aménagements paysagers s'associent et se fondent, à l'image des paysages que révèle en Asie, l'extraordinaire travail des rizières en terrasses. Le slogan des architectes : « Une architecture vernaculaire qui témoigne de notre attachement à réfléchir sur les conditions locales de construction et d'habitation » s'exprime ici par le choix du bois et du béton, tout en contournant par des toits plats l'usage typique de l'ardoise.

1

2

1 panorama sud (siège social au premier plan)

2 volumétrie contemporaine et habitat néo-breton

1 — ENTRÉE
2 — ACCUEIL
3 — SALLE D'ATTENTE
4 — BUREAU
5 — ARCHIVES
6 — REPROGRAPHIE
7 — SALLE DE RÉUNION
8 — SALLE DU CONSEIL
9 — CAFÉTÉRIA
10 — SALLE DE DÉTENTE
11 — SANITAIRES

SIÈGE SOCIAL : PLAN DE L'ETAGE PRINCIPAL

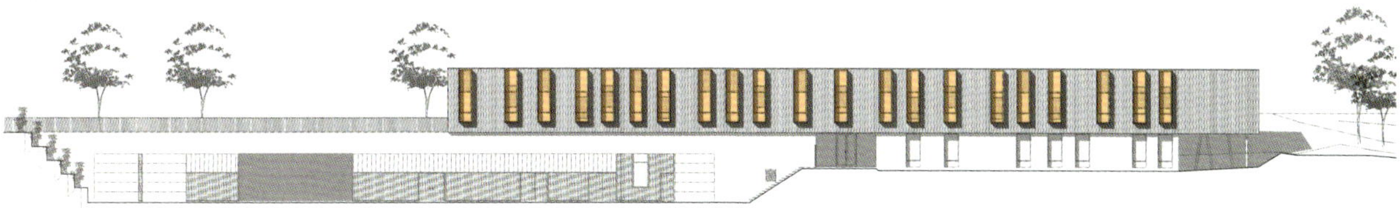

SIÈGE SOCIAL : ÉLÉVATION SUD

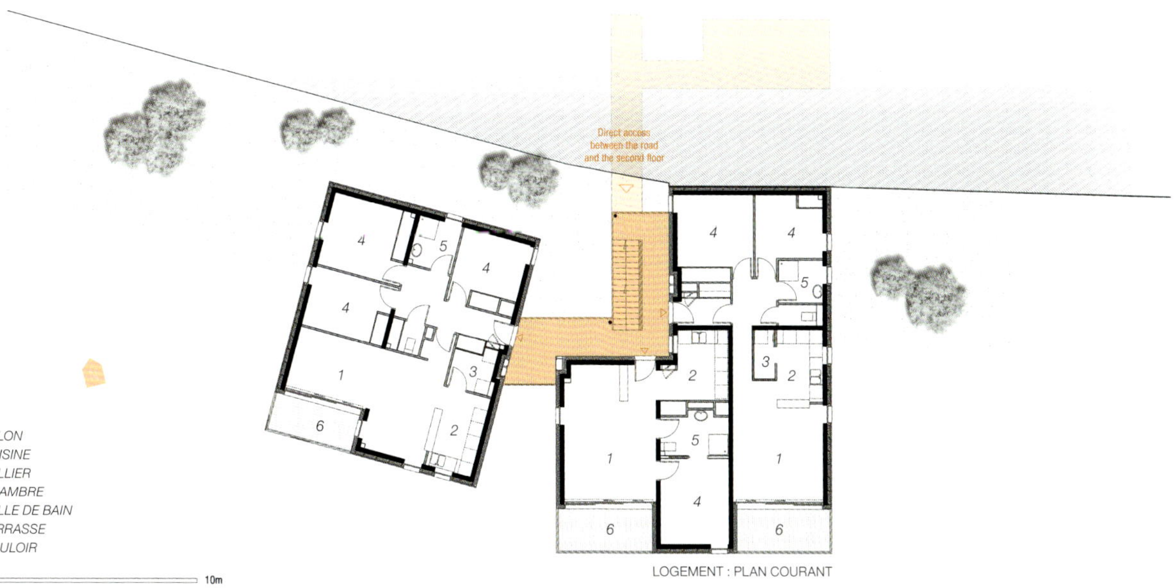

1 — SALON
2 — CUISINE
3 — CELLIER
4 — CHAMBRE
5 — SALLE DE BAIN
6 — TERRASSE
7 — COULOIR

LOGEMENT : PLAN COURANT

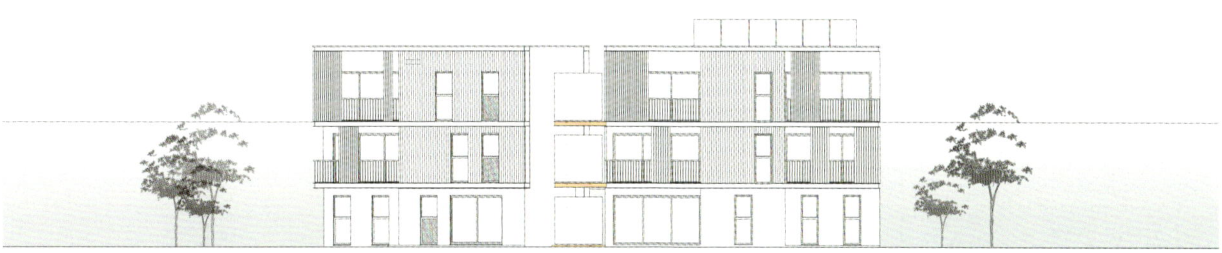

LOGEMENT : ÉLÉVATION SUD

1

2

3

4

1 accès passerelle
2 façade sur l'arrière-cour et passerelle d'accès aux logements
3 perméabilité des vues entre les bâtiments de logement
4 détail sur l'accès au logement social
5 siège social : accès secondaire à la salle du conseil

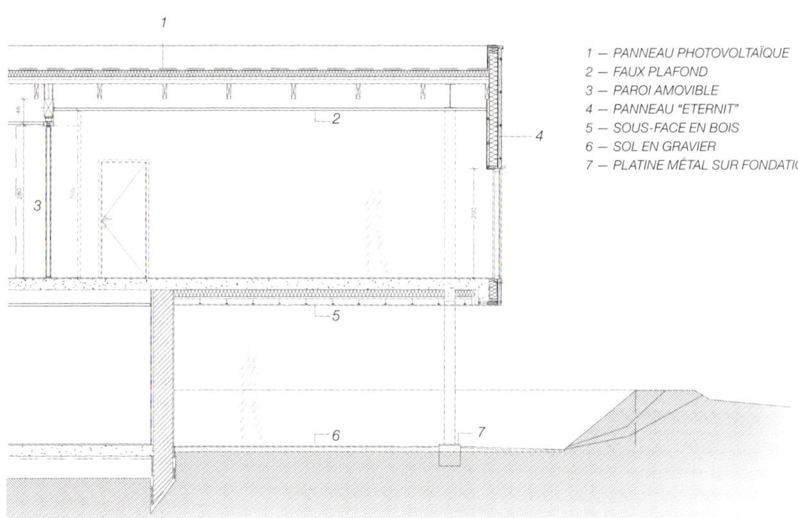

1 — PANNEAU PHOTOVOLTAÏQUE
2 — FAUX PLAFOND
3 — PAROI AMOVIBLE
4 — PANNEAU "ETERNIT"
5 — SOUS-FACE EN BOIS
6 — SOL EN GRAVIER
7 — PLATINE MÉTAL SUR FONDATION

SIÈGE SOCIAL : COUPE DÉTAIL SUR LA SALLE DU CONSEIL

5

1

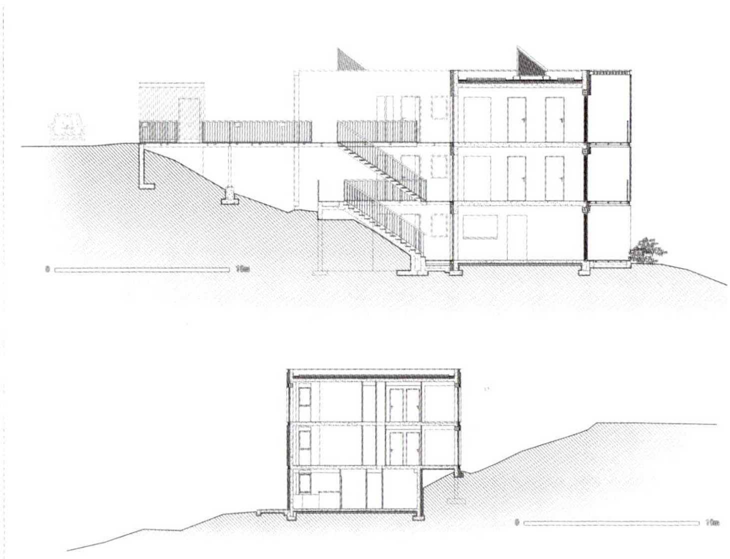

LOGEMENT : COUPE TRANSVERSALE

2

1 chemin piéton public au pied des logements légèrement en contre haut

2 et au pied des fenêtres, les jardins familiaux...

3 siège social : ouvertures fines et nombreuses sur le grand paysage et ouverture généreuse sur le vieil arbre

page suivante architecture en terrasse-au fond, le siège social et au premier plan, le logement

3

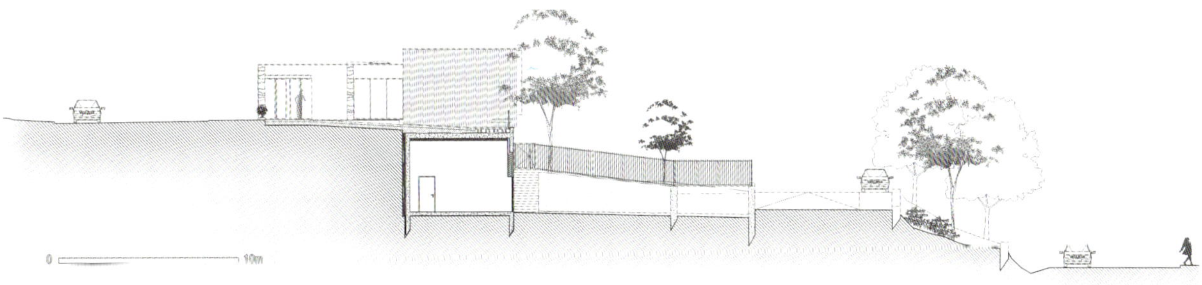

SIÈGE SOCIAL : COUPE TRANSVERSALE

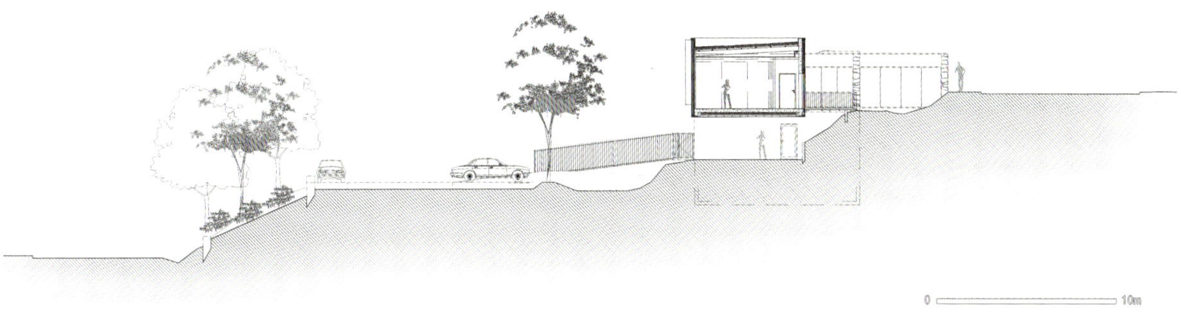

SIÈGE SOCIAL : COUPE TRANSVERSALE

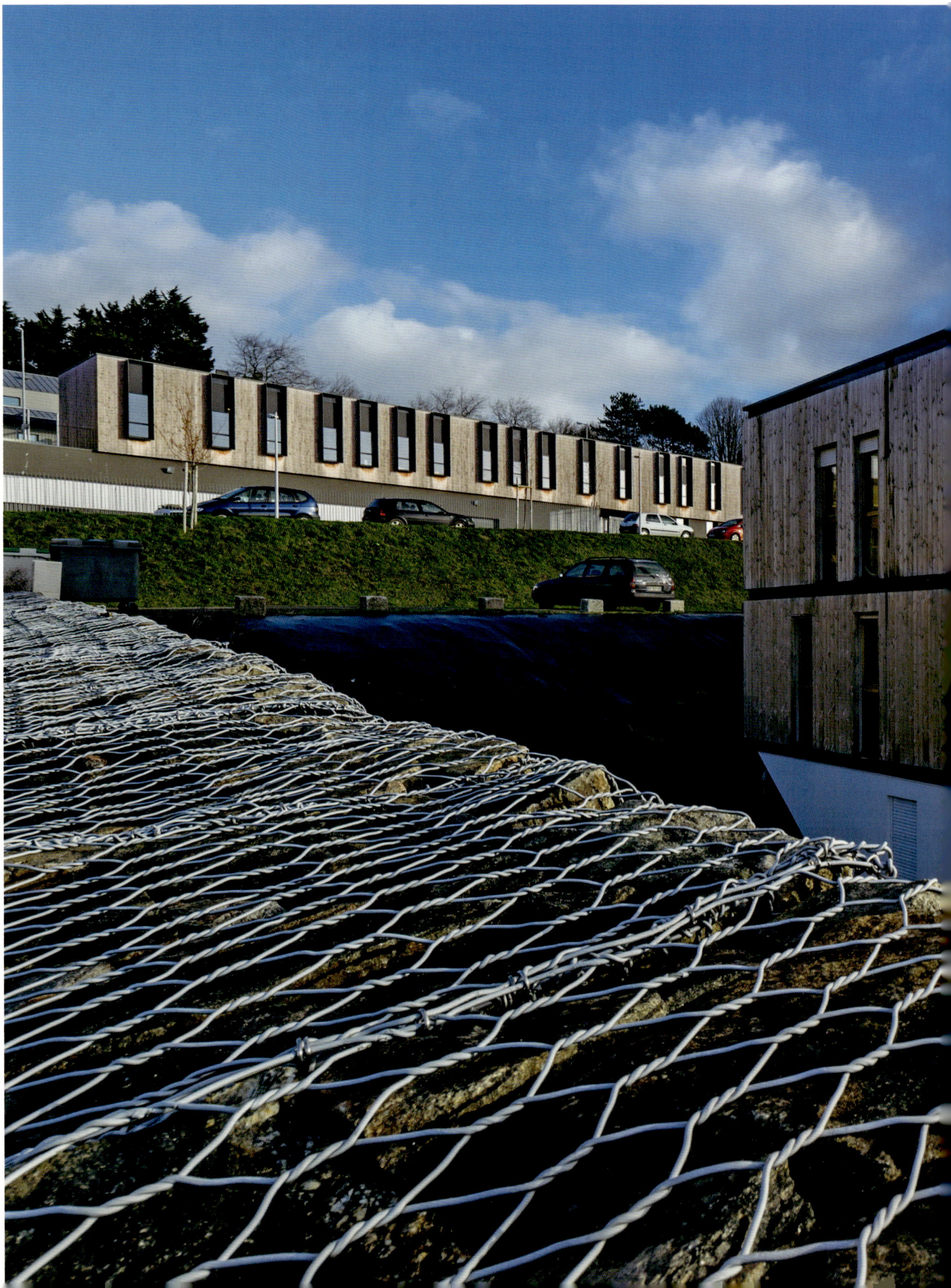

terraqué

CARNAC

page précédente entrée de ville de Carnac
1 façade nord-est à travers la place du marché

2

PROGRAMME : Médiathèque, auditorium et école de musique / **SURFACE :** 1360 m² / **PARFAIT ACHEVEMENT :** 2010 / **PERFORMANCE ENERGETIQUE :** Certification THPE (très hautes performances énergétiques)

L'Espace Terraqué, « d'eau et de terre » est situé, selon les vœux de la municipalité au plus proche du vieux centre bourg historique pour rééquilibrer une activité en berne face à la station balnéaire en bord de mer, qui avec les mégalithes, font toute la renommée de la petite cité. Terraqué structure l'articulation urbaine entre le cœur historique et la place Saint-Fiacre qui accueille le marché dominical.

Dépendante des contraintes réglementaires qui imposent à Carnac l'usage de l'ardoise et le respect des pentes de toiture, l'architecture du projet découle d'un minutieux travail de réinterprétation du bâti traditionnel breton. Deux volumes distincts composent le projet autour d'un jardin, espace transitoire qui s'inscrit en continuité d'une "traversée verte" de l'îlot. Chacun d'eux est adapté aux différentes fonctions du programme. Côté bourg, un volume compact, tout d'ardoises vêtu considère avec courtoisie la typologie régionale qu'il jouxte. Ce premier bâtiment, à la silhouette proéminente signale l'équipement public. Il est à même d'accueillir en rez-de-chaussée les espaces d'expositions, de rencontres et d'évènements culturels, et l'auditorium à gradins en niveau bas enterré ; l'atelier musical est à l'étage. Le second de plain-pied semble s'étendre vers la place du marché comme s'il accompagnait l'espace urbain ouvert qui se déploie dans cette direction. La figure imposée s'écrit ici sous forme de sheds. Une réponse architecturale qui sert l'usage. Une lumière originale et propice à l'intimité et à la tranquillité plonge dans la médiathèque où elle se mêle à la trame régulière de la charpente bois qui s'anime. Une longue façade double-peau contrôle l'exposition Est de la salle, et filtre la perméabilité vis-à-vis de la place Saint-Fiacre.

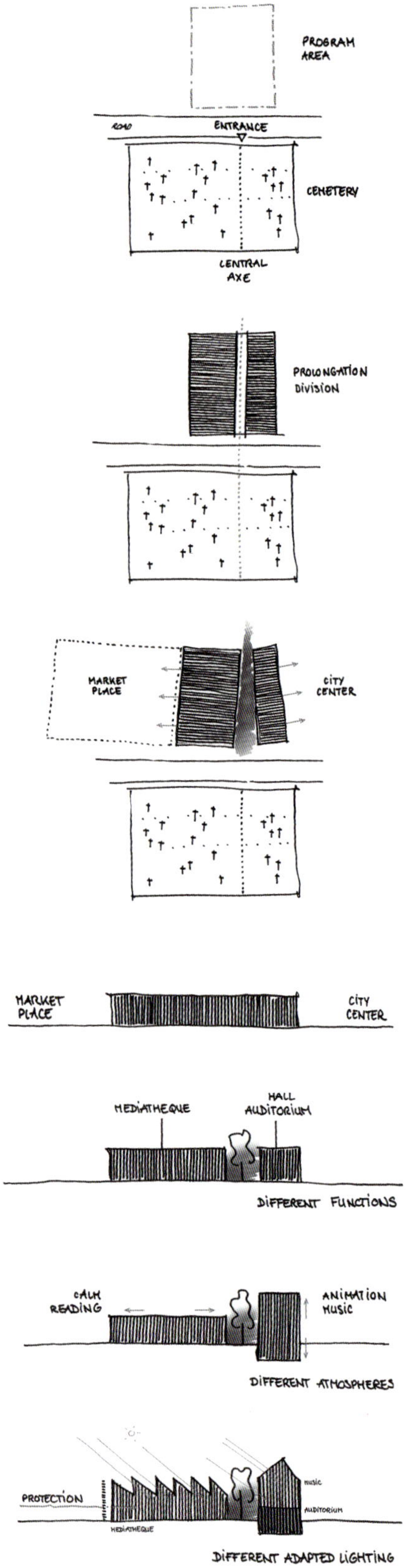

CROQUIS D'INTENTION

PLAN REZ-DE-CHAUSSÉE

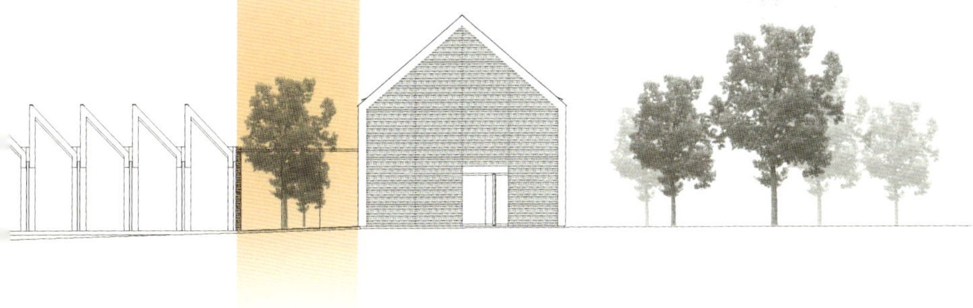

ÉLÉVATION NORD-OUEST

1 — ZONE TECHNIQUE
2 — CHAUFFERIE
3 — SCÈNE
4 — GRADINS
5 — LOCAL TECHNIQUE
6 — SANITAIRES 1
7 — HALL D'ENTRÉE
8 — JARDIN INTÉRIEUR
9 — TOILETTES PUBLIQUES
10 — RANGEMENT
11 — BUREAU
12 — SANITAIRES 2
13 — ESPACE ENFANTS
14 — ESPACE ADOLESCENTS
15 — ESPACE MULTIMÉDIA
16 — ESPACE ADULTES

1

2

3

4

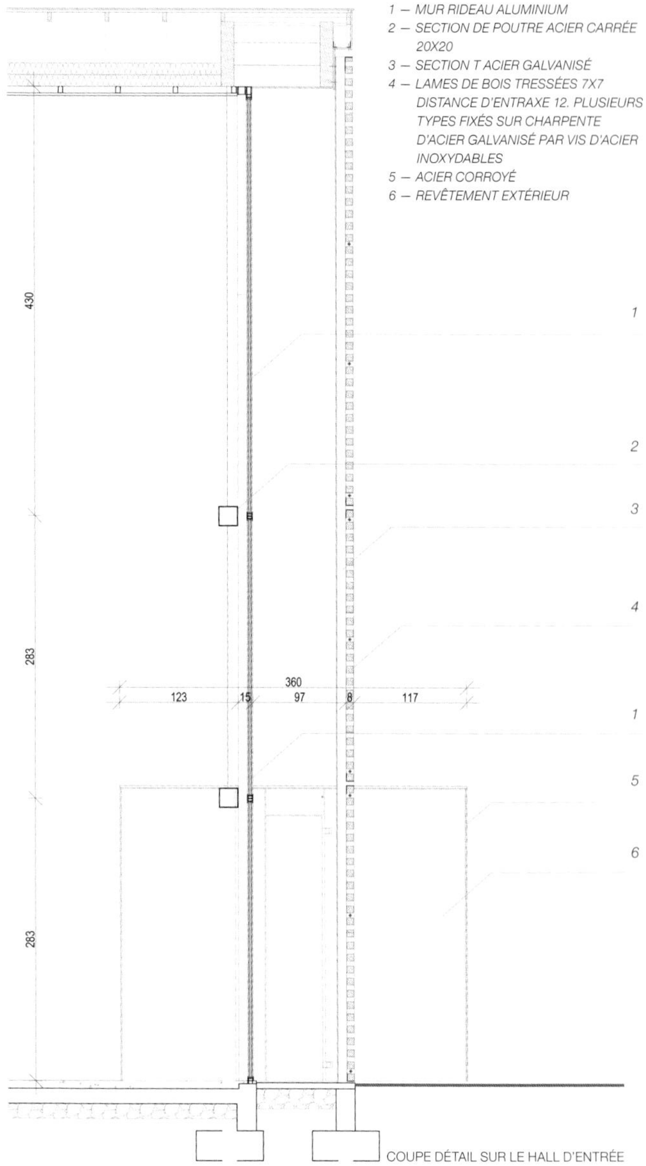

1 — MUR RIDEAU ALUMINIUM
2 — SECTION DE POUTRE ACIER CARRÉE 20X20
3 — SECTION T ACIER GALVANISÉ
4 — LAMES DE BOIS TRESSÉES 7X7 DISTANCE D'ENTRAXE 12. PLUSIEURS TYPES FIXÉS SUR CHARPENTE D'ACIER GALVANISÉ PAR VIS D'ACIER INOXYDABLES
5 — ACIER CORROYÉ
6 — REVÊTEMENT EXTÉRIEUR

COUPE DÉTAIL SUR LE HALL D'ENTRÉE

1 inauguration
2,3 chantier
4 murs ancien et contemporain
5 façade d'entrée

5

1 façade sur rue depuis le cimetière
2 lien transparent entre les deux bâtiments
3 détail du mur en ardoise

1

2

3

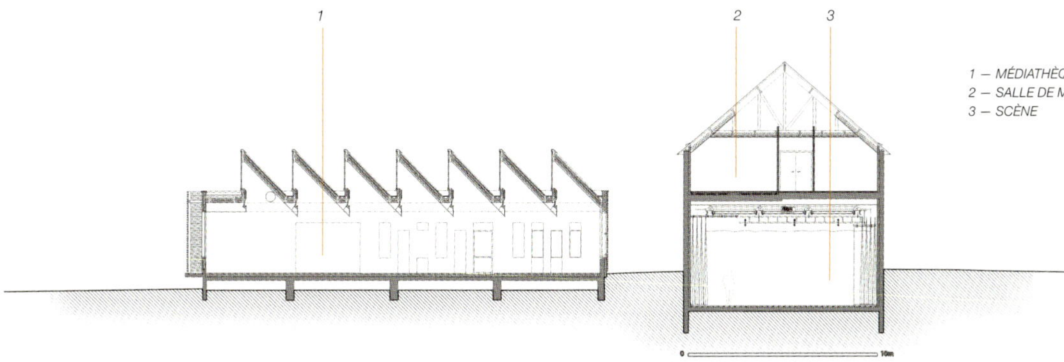

1 — MÉDIATHÈQUE
2 — SALLE DE MUSIQUE
3 — SCÈNE

COUPES TRANSVERSALE

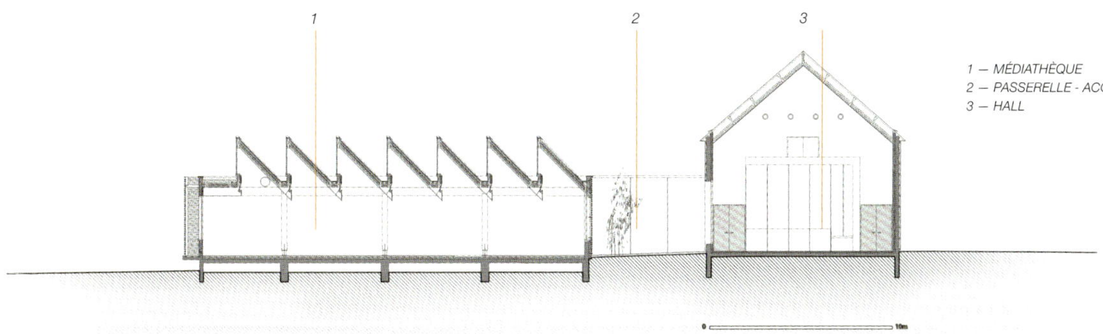

1 — MÉDIATHÈQUE
2 — PASSERELLE - ACCÈS LIBRAIRIE
3 — HALL

1 — SCÈNE
2 — GRADINS
3 — HALL D'ENTRÉE
4 — ZONE TECHNIQUE
5 — SALLE DE MUSIQUE
6 — SALLE DE RÉPÉTITION
7 — BUREAU
8 — SANITAIRES

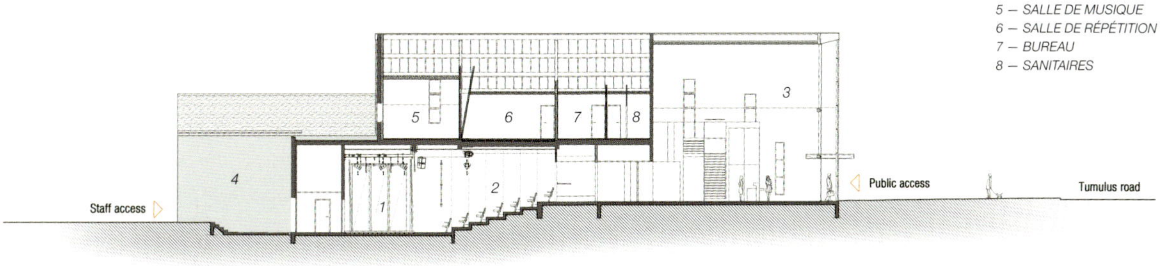

COUPE LONGITUDINALE SUR LE HALL D'ENTRÉE, L'AUDITORIUM ET LA SALLE DE MUSIQUE

1

1 volume généreux pour le hall d'entrée
2 escalier menant aux salles de musique
3 depuis la mezzanine vers le hall d'entrée
4,5,6 espace multimédia : fluctuation de la lumière de la zone

2

3

4

5

6

1 espace multimédia sous la lumière du matin

1

rendez-vous

VANNES

TABLAPIZZA

page précédente volumes de bois silencieux depuis l'extérieur dans une zone commerciale agitée
1 rue piétonne intérieure

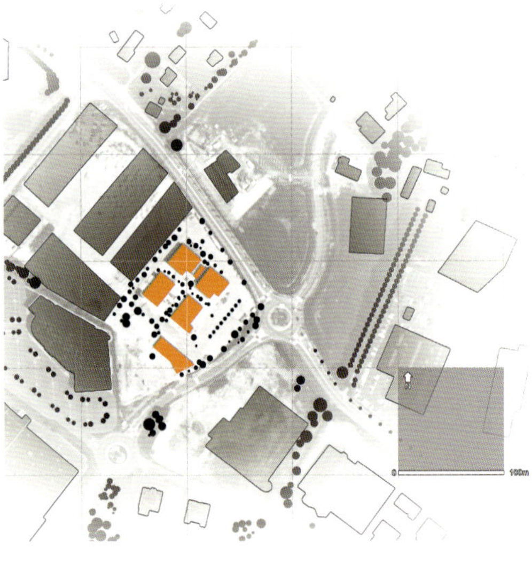

1

PROGRAMME : Atlanville restaurants et commerces / **SURFACE** : 2906 m² / **PARFAIT ACHEVEMENT** : 2009

Les restaurants d'Atlanville participent au projet de requalification urbaine, engagée dans ce quartier ouest de la ville qui hébergeait les friches industrielles d'un ancien abattoir de volailles. La réorganisation du site participe de la reconstruction d'une façade urbaine. Le projet inscrit dans un plan global d'aménagement participe de la nouvelle vitrine commerciale qui s'expose en entrée de ville.

Le client qui souhaitait proposer une offre diversifiée de restauration, a adopté une proposition innovante, un ensemble original et sans référent identifié. Le plan masse est organisé de telle sorte que l'ensemble des bâtiments, échappe ainsi à l'environnement périurbain pour s'ouvrir, tel un oasis sur un cœur d'îlot calme et paysager. Clos de palissades, il distribue les accès aux différents restaurants. Grill, pizzeria, taverne, pub, crêperie, café sont échantillonnés dans leur diversité et ils permettent tous aux consommateurs d'accéder à l'espace récréatif qui accompagne leur moment de détente dans un lieu dédié, privilégié et hospitalier.

La construction à ossature bois et le recours à un bardage bois unifié (peuplier rétifié) sur toutes les surfaces couvertes témoignent de la simplicité et de l'homogénéité de l'ouvrage. Les volumes compréhensibles et épurés, les grandes terrasses en bois qui prolongent les espaces de restauration, la distribution des vitrines organisées autour d'un jardin-esplanade en sont les éléments caractéristiques.

CROQUIS D'INTENTION

1 — AIRE DE JEUX POUR ENFANT
2 — LIVRAISONS
3 — CUISINE
4 — PIZZERIA
5 — RESTAURANT GRILL
6 — TERRASSE
7 — RUE PIÉTONNE INTÉRIEURE
8 — BRASSERIE
9 — PUB
10 — CRÊPERIE
11 — COMMERCE
12 — SNACK BAR
13 — PARKING

PLAN REZ-DE-CHAUSSÉE

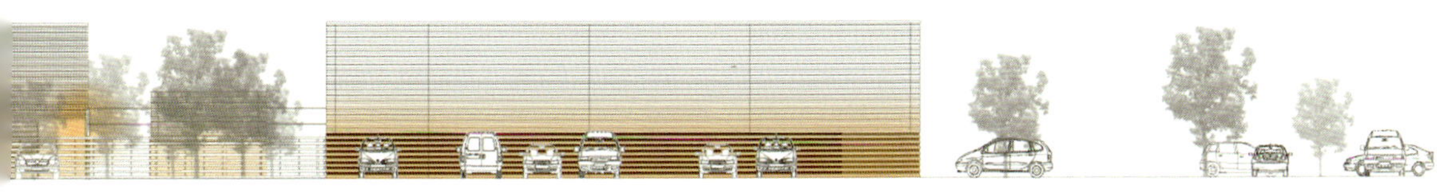

ÉLÉVATION SUD À TRAVERS LE PARKING

1,2,3 chantier

4 le parking entoure le bâtiment de façon à lui créer une zone tampon avec les voiries qui le jouxtent

5 sol gelé au levé du soleil en hiver

1

2

3

4

Maître Kanter
Maître Kanter

1

1 terrasse bien exposée pour déjeuner ensoleillé
2 totem

2

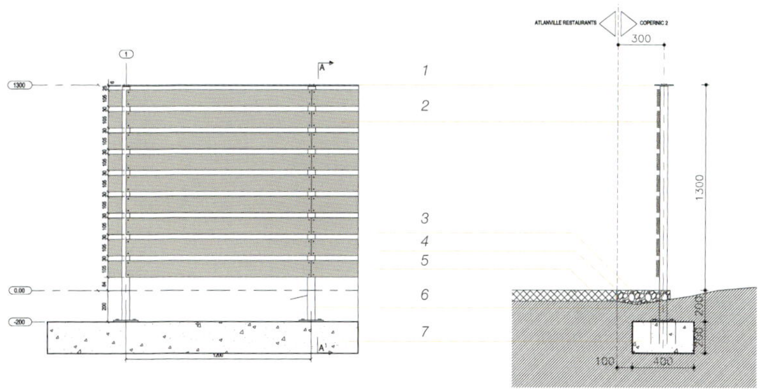

DÉTAIL DE CLOTURE BOIS

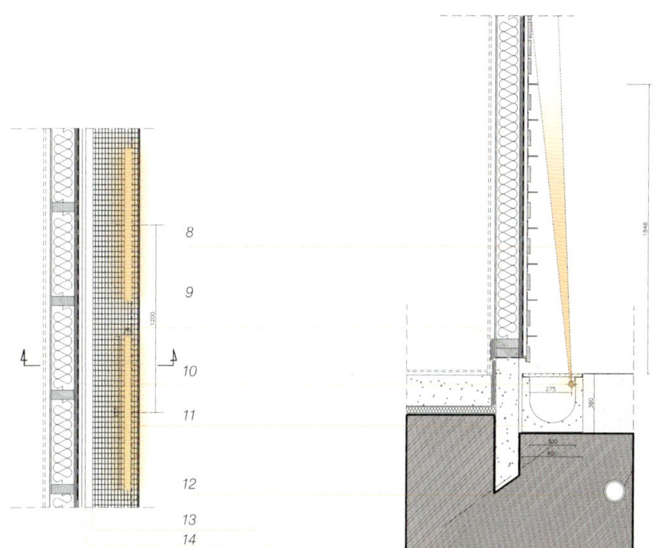

DÉTAIL ÉCLAIRAGE NOCTURNE

1 – PLAQUE ALUMINIUM, 120X6 FIXÉ AU POTEAU PAR AUTOPERCEUSE
2 – LAMES BARDAGE BOIS
3 – GRAVILLONS
4 – BORDURE
5 – ENROBÉ
6 – TUBE-C-50X50X2.5
7 – DALLE BÉTON DE 400MM
8 – FAISCEAU LUMINEUX - ÉCLAIRAGE JUSQU'À L'ACROTÈRE
9 – CAILLEBOTIS ACIER GALVANISÉS THERMO-LAQUÉS PRESSÉS (ENTRAXE MAILLE 23X23)
BARRES TRANSVERSALES 30X3 - BARRES LONGITUDINALES 8X1.5
10 – RÉGLETTE - ÉCLAIRAGE LED (ENTRAXE 33MM) TYPE DELTALINE 2
11 – CANIVEAUX PÉRIPHÉRIQUES BÉTON LARGEUR 300MM INTÉRIEUR (CANIVEAUX TYPE A)
12 – DRAIN DÉCALÉ POUR FONDER LES CANIVEAUX
13 – NU ÉQUERRE MÉTALLIQUE
14 – NU BARDAGE BOIS

1

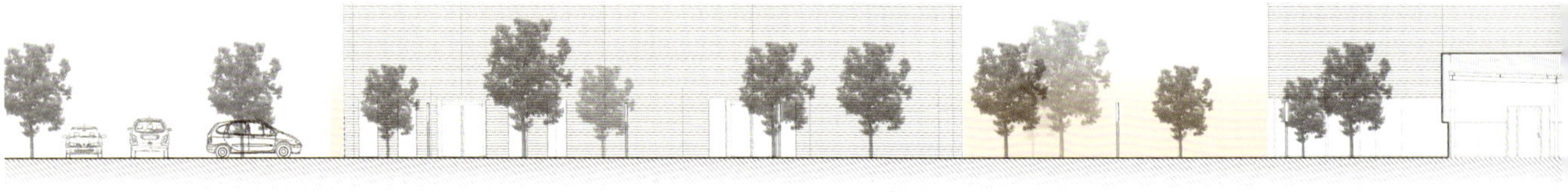

COUPE GÉNÉRALE

1 aire de jeux pour enfants
2 platelage gelé d'une matinée en hiver
3 ceinture verte bordant une façade
sans échelle

2

3

1 en soirée, un endroit convivial pour boire un verre ou dîner

1

rhythm & blues

SAINT-NOLFF

1

page précédente macro stèle pour souligner l'entrée de la ville
1 perception du projet depuis le centre ville
2 silhouette urbaine du projet dans la ville

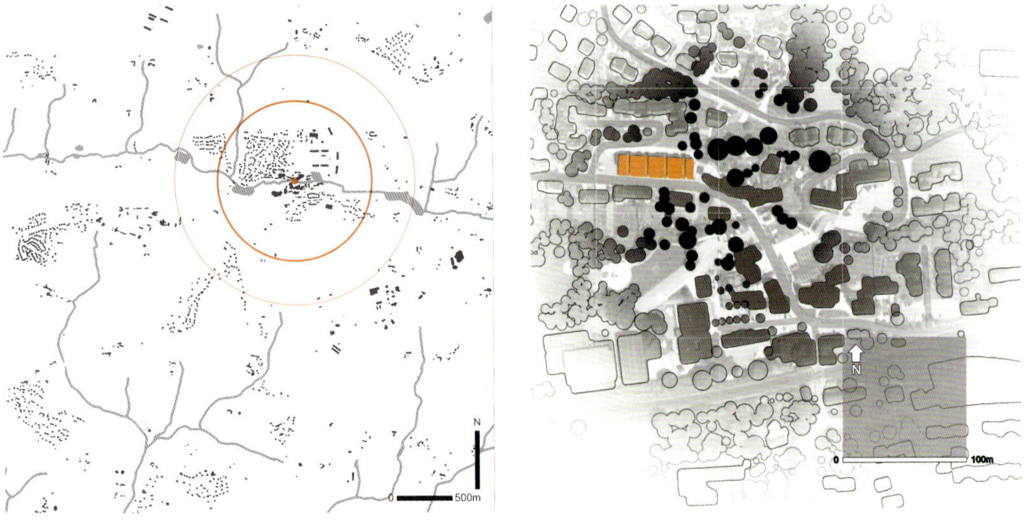

2

PROGRAMME : 22 logements sociaux / **SURFACE :** 1965 m² / **PARFAIT ACHEVEMENT :** 2009

Densité, fragmentation et effets de masse caractérisent le bâti du centre-bourg de St Nolff, petite commune rurale de moins de 4 000 habitants, dont le granit, le bois, le schiste et l'ardoise constituent l'essentiel du paysage architectural.

Inscrit dans la pente, sur le versant nord d'un vallon très accusé, le bâtiment s'implante sur le front d'une des principales voies d'accès en provenance de la métropole voisine. À l'emplacement d'un ancien parking public, le projet se compose d'un même bâtiment allongé posé sur un socle en béton allant de R+3 à R+5 en descendant la rue et, rythmé par quatre lames verticales de bois noir, correspondant aux circulations verticales. Ces lames, se révèlent au fur et à mesure que l'on arpente la rue des Lavandières et désignent autant l'interstice des toitures que les 4 halls d'entrées. Le corps principal est en retrait et profite du socle pour offrir de vastes terrasses au premier étage et des balcons au niveau supérieur.

Tous les appartements s'articulent autour d'une gaine verticale unique et sont traversant Nord-Sud, marquant une hiérarchie entre la façade sud et ses grandes ouvertures (séjours) et la façade nord (chambres) percée par une multitude de petites fenêtres au format unique. La couverture en ardoise a été dédoublée pour conserver une proportion de toit harmonieuse tout en respectant la pente réglementaire à 45°. Le sens de faitage et la fragmentation des toitures en ardoise prolongent le tissu urbain du centre-bourg.

1 entrée de ville, façade ouest du projet

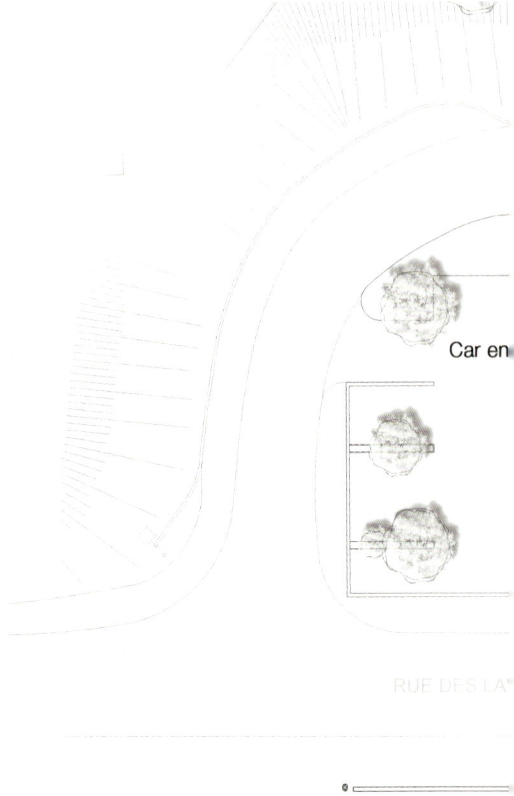

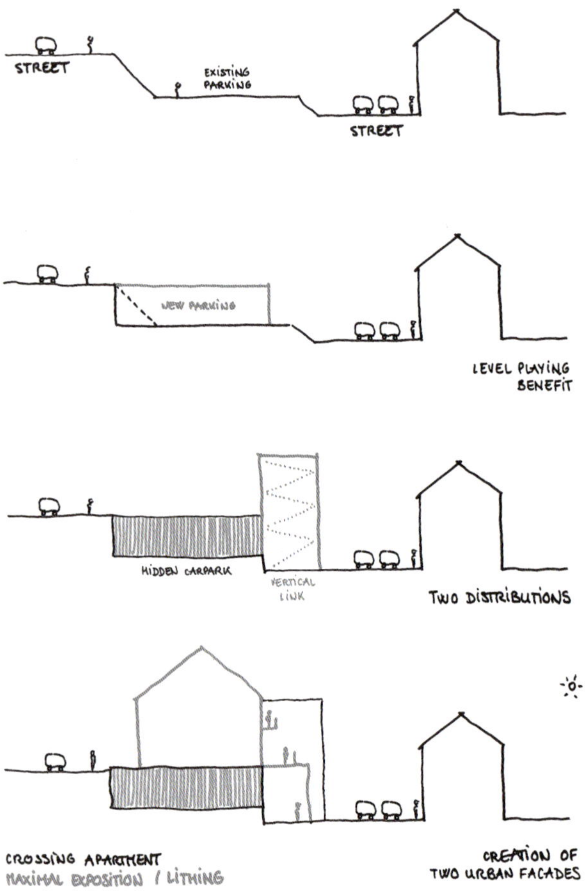

CROQUIS D'INTENTION

PLAN DE REZ-DE-CHAUSSÉE

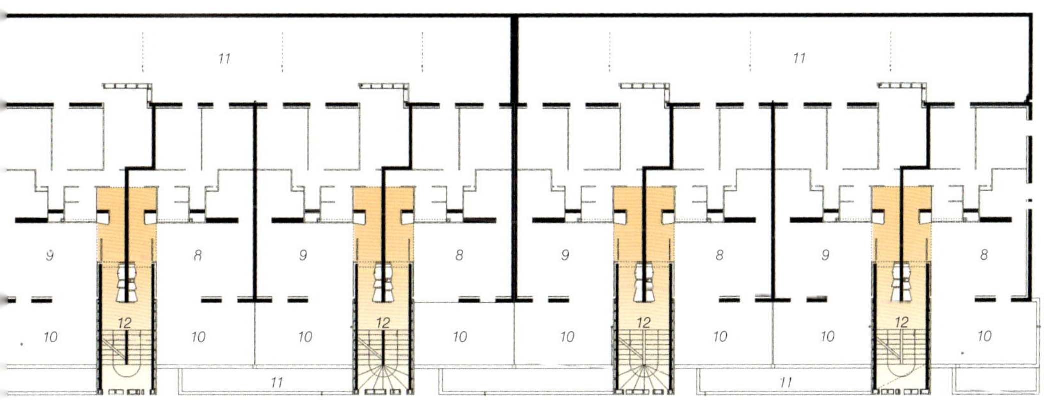

PLAN DU PREMIER ÉTAGE

1 – LOCAL VÉLO
2 – PARKING
3 – CAVE
4 – HALL D'ENTRÉE
5 – LOCAL POUSSETTE
6 – T1
7 – T2
0 T3
9 – T4
10 – TERRASSE
11 – TERRASSE NON-ACCESSIBLE
12 – COULOIR

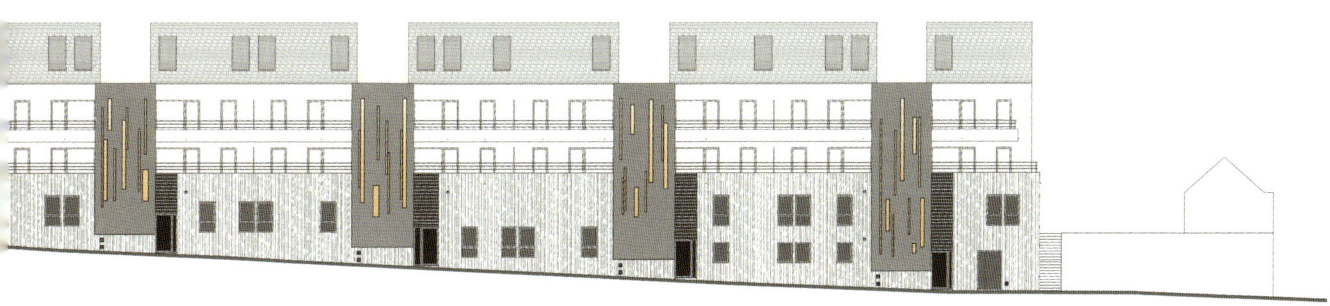

ÉLÉVATION SUD, CÔTÉ RUE

1 vue d'un balcon vers le centre ville
2 perception du projet depuis le pont en bas de la rue principale

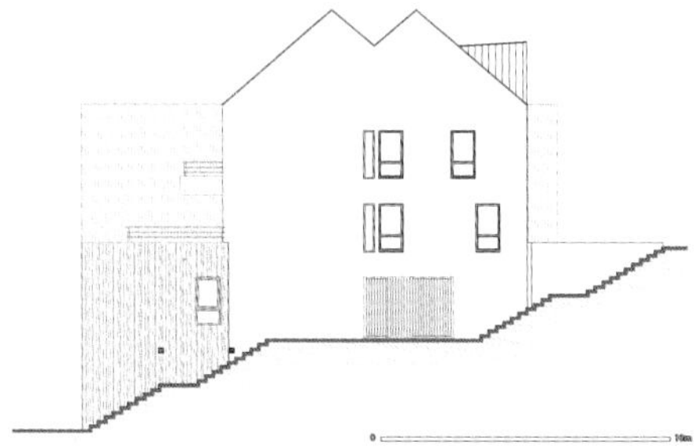

ÉLÉVATION EST

ÉLÉVATION OUEST

1 — COULOIR
2 — APPARTEMENT
3 — TERRASSE
4 — TERRASSE NON-ACCESSIBLE
5 — HALL D'ENTRÉE
6 — PARKING

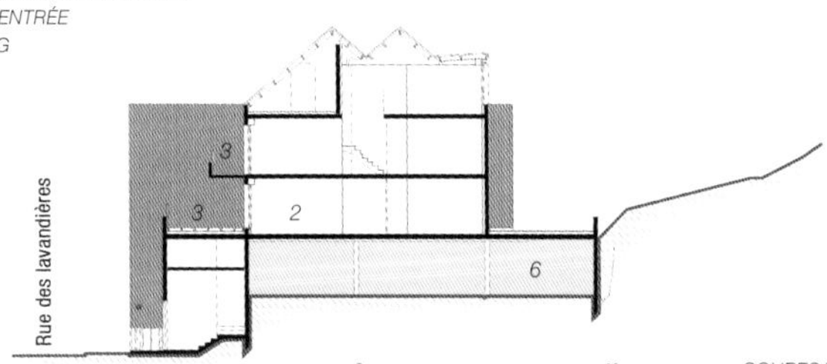

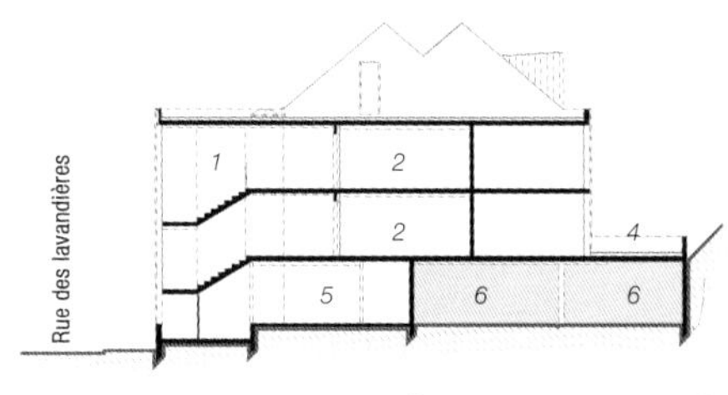

COUPES TRANSVERSALES

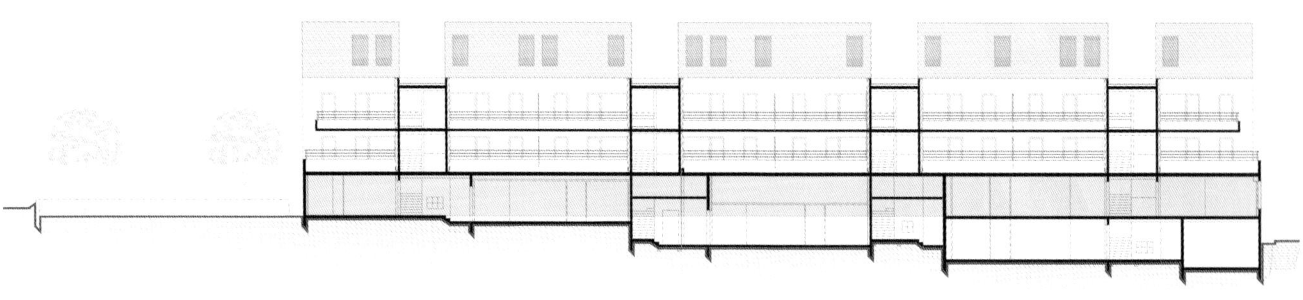

COUPE LONGITUDINALE

2

1

2

3

4

1 accès privé et passage public

2,3 entrée de ville : une architecture scandée

4 volume marquant de la cage d'escalier et l'entrée en retrait dans la faille

1

1 volume sombre élancé sur aplat monochrome
2 intérieur : lumière dans la cage d'escalier

2

1 easy rider

1

architectural digest

PLOUFRAGAN

Accueil / Siège

page précédente boite de métal abritant un escalier, passerelle d'accès pour les salariés, façade en polycarbonate sur ossature métallique
1 au premier plan le bâtiment administratif, au second plan celui du tri des déchets

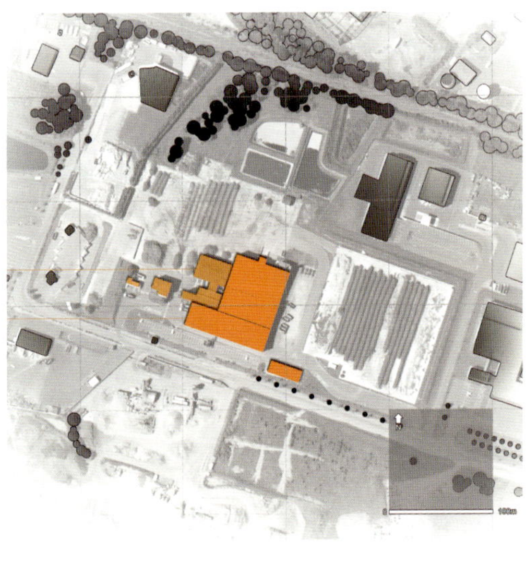

2

PROGRAMME : extension et restructuration de l'usine des Châtelets et construction du siège du SMICTOM /
SURFACE : 4940 m² / **PARFAIT ACHEVEMENT :** 2007

Construite en 1986, l'usine des Châtelets a été dimensionnée, à l'origine, pour traiter 25 000 tonnes de déchets ménagers par an. Vingt ans plus tard, elle en traite tant bien que mal 35 000 tonnes. Pour moderniser l'installation très dégradée, architectes et ingénieurs se sont associés afin d'optimiser les techniques de traitement, créer un centre de transfert des déchets, et améliorer l'image de l'usine et la sécurité au travail.

Au-delà de la réponse fonctionnelle, l'intervention chirurgicale commence par le paysage. Pour donner plus de transparence à l'activité, et valoriser les métiers du recyclage des déchets, une stratégie architecturale et paysagère est mise en place : celle-ci consiste à ouvrir le site sur l'espace public, pour organiser et hiérarchiser les flux (agents, voitures, camions, chargeuses…), à garantir de bonnes conditions de travail (lumière naturelle, vestiaires…) et à envelopper soigneusement les éléments techniques de process.

Posé en porte-à-faux sur un long mur en béton, le volume simple et étiré du nouveau siège du Syndicat mixte (client) est accompagné d'un jardin linéaire. Il sert de transition entre la rue et l'activité industrielle. Cette première construction, à vocation tertiaire, abrite une quinzaine de personnes. L'usine, quant à elle, est constituée de volumes plus généreux pour faciliter la logistique des camions qui doivent benner aisément les déchets. Les fermes de charpente en V, permettent de capter la lumière naturelle au point le plus haut et dessinent la nouvelle silhouette de l'usine. Béton, acier, verre et polycarbonate, des matériaux bruts et des moyens maitrisés doivent révéler une image qualitative de l'activité et, au-delà, participer à la requalification des parcs d'activités qui nous entourent.

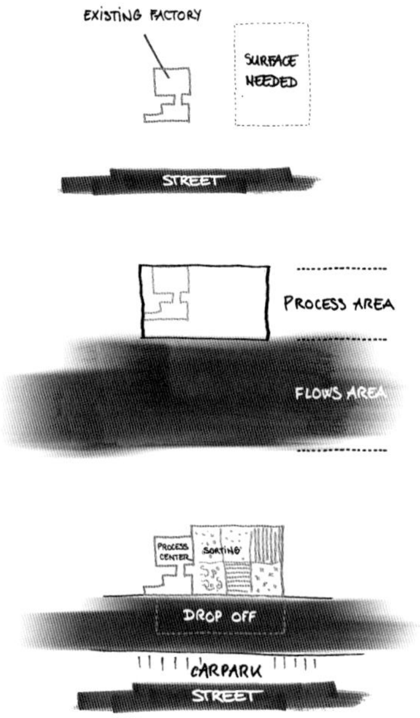

CROQUIS D'INTENTION

1 — ZONE DE MANOEUVRE
2 — ZONE DE CHARGEMENT
3 — MATÉRIAUX BROYÉS
4 — SALLE D'AFFINAGE
5 — TRAITEMENT DES DÉCHETS
6 — LOCAL SOUDURE
7 — AIRE DE FERMENTATION
8 — AIRE DE TRI
9 — AIRE DE COMPOSTAGE
10 — PATIO
11 — VESTIAIRE
12 — DIRECTION
13 — BUREAUX
14 — ZONE D'EXTENSION POTENTIELLE
15 — PARKING DES SALARIES

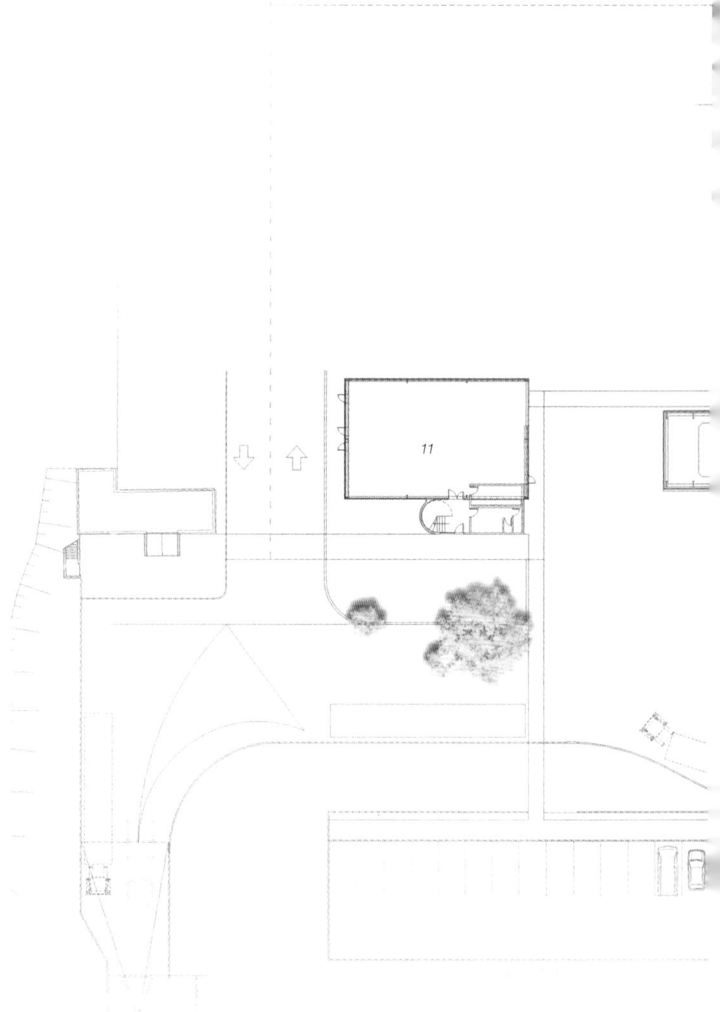

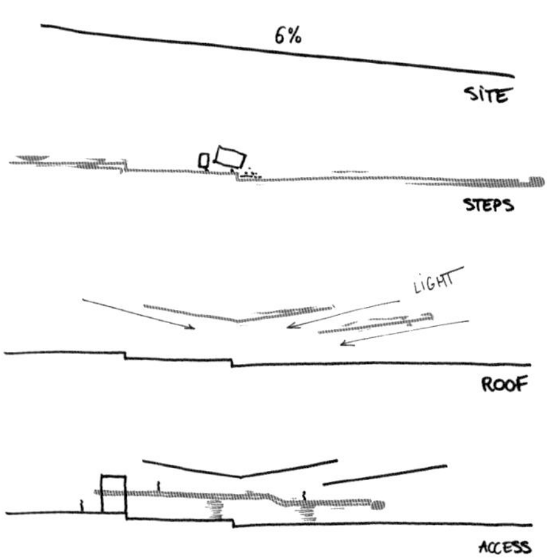

CROQUIS D'INTENTION

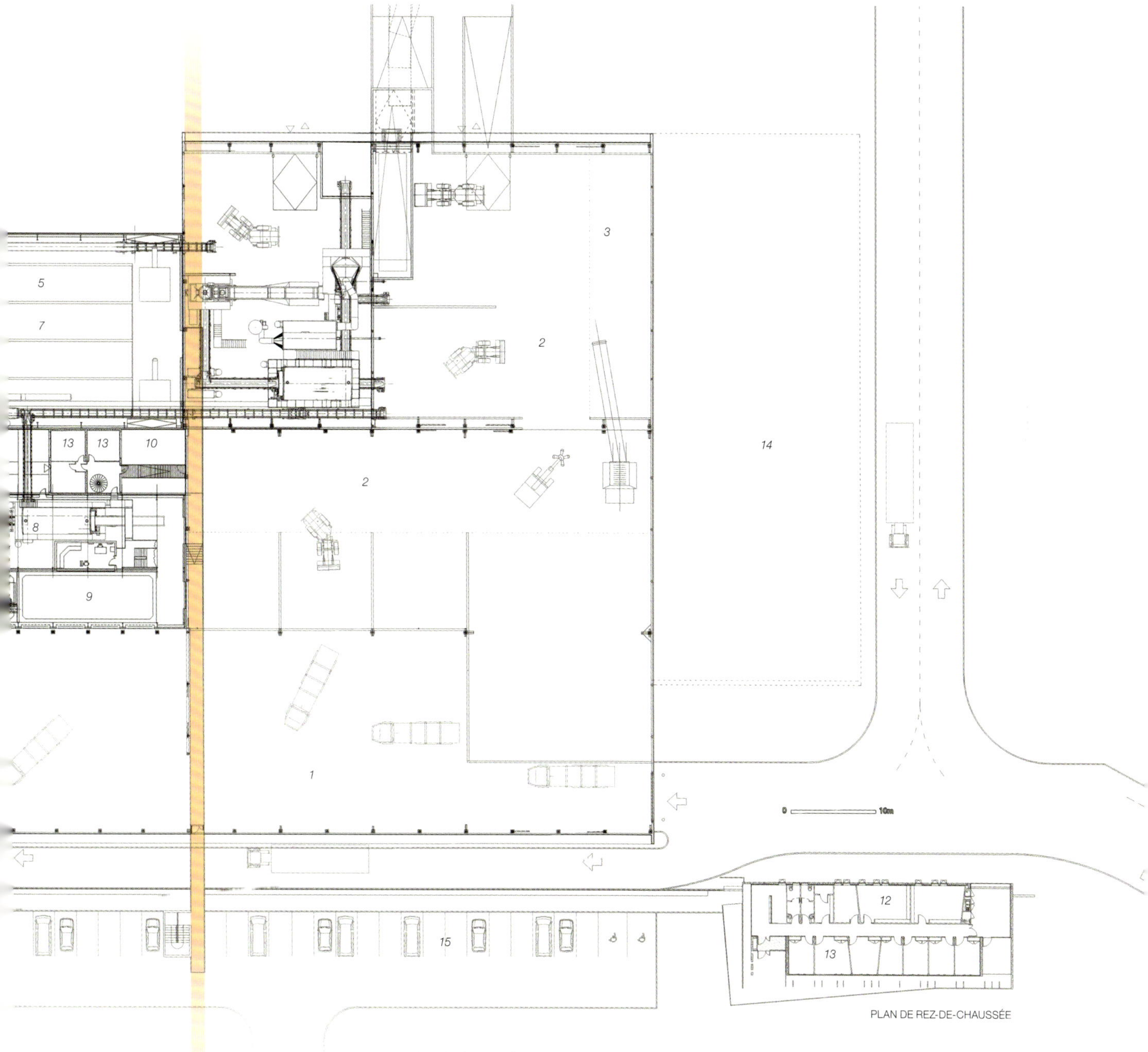

PLAN DE REZ-DE-CHAUSSÉE

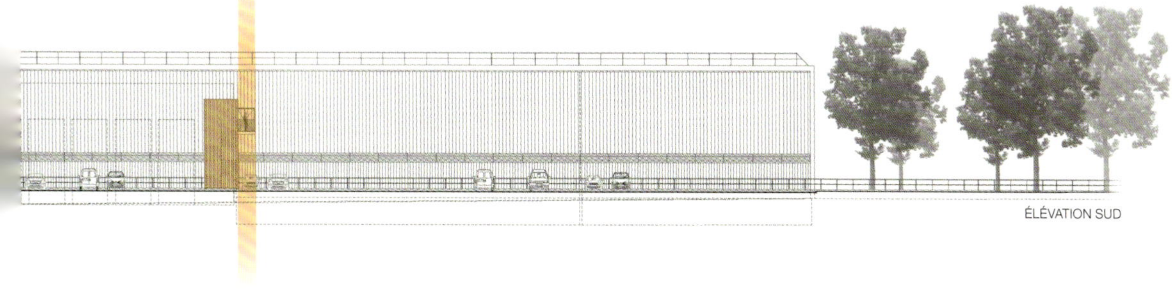

ÉLEVATION SUD

1

2

3

1,2,3 chantier
4,5 intérieur : accès du personnel
6 façade sud-est : la ligne de toit suit en escaliers le relief naturel

4

5

6

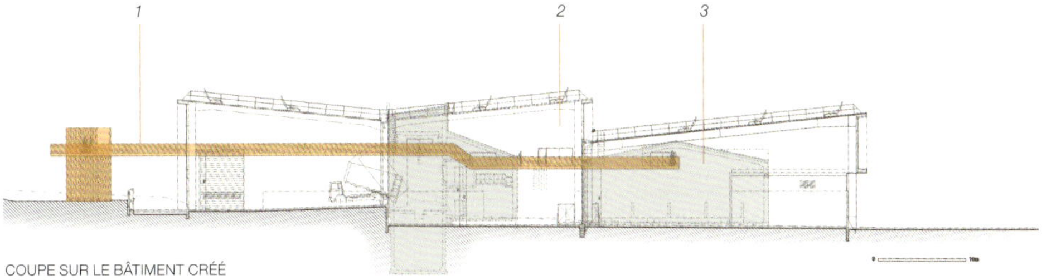

COUPE SUR LE BÂTIMENT CRÉÉ

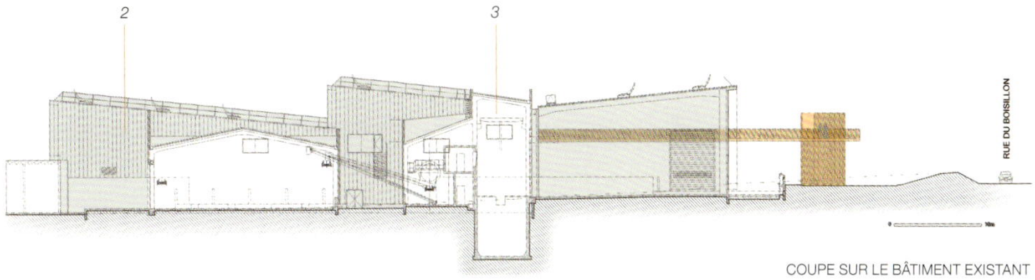

1 — PASSERELLE
2 — PROJET
3 — BÂTIMENT EXISTANT

COUPE SUR LE BÂTIMENT EXISTANT

2

3

1

1 accès du personnel
2,4 voie de sortie des camions
3 volume sculptural depuis le parking

4

1

2

1 bâtiment administratif : le polycarbonate mince et translucide pris en étau entre les dalles de béton

2 détail sur la cage d'escalier d'accès du personnel

3 façade sur rue (sud-ouest) un après-midi pluvieux

4 patio du bâtiment administratif

page suivante de nuit, la façade s'illumine de l'intérieur, révélant ainsi une intense activité

3

4

le foyer du marin

LORIENT

page précédente façade sud-ouest - bureaux et commerces animent la façade côté rue
1 vue aérienne : concept urbain d'îlot ouvert dans un urbanisme d'après-guerre

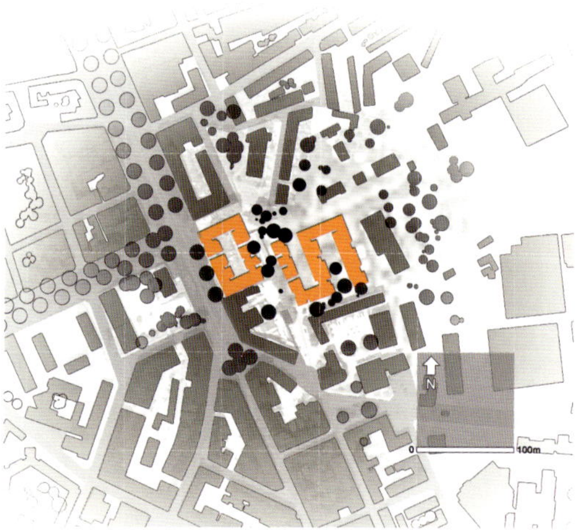

2

PROGRAMME : 300 logements, bureaux et commerces / **SURFACE :** 26160 m² / **PARFAIT ACHEVEMENT :** 2013 (tranche 1) et 2015 (tranche 2)

À Lorient, l'Arsenal militaire qui constituait la quasi-intégralité du front maritime, se restructure peu à peu, ouvrant des perspectives de redéploiement de la cité vers la mer. L'îlot « Foyer du Marin » s'inscrit dans cet élan de rénovation urbaine en permettant de requalifier, en deux tranches opérationnelles, 1,7 ha de terrains appartenant à la D.C.N. et d'offrir ainsi à 300 familles la possibilité de regagner le cœur de la ville.

A partir d'une densité de 200 logements / Ha, le projet articule, ponctue et met en scène 5 résidences indépendantes regroupant des logements locatifs, en accession libre ou en accession sociale. La mixité des fonctions, autre principe identitaire du quartier, est assurée dans le cadre de cette première tranche grâce à l'intégration de commerces et services dans les rez-de-chaussée. Les espaces de cœur d'îlot sont soigneusement paysagers et contrastent ainsi avec un traitement minéral côté rue.

Un axe piéton, reliant à terme le Cour Chazelles et le nouvel hôpital, se glisse dans une faille verticale, offrant la possibilité d'apercevoir en passant les jardins intérieurs. Pour enrichir la trame des circulations douces et garantir une meilleure urbanité, les passants auront à terme la possibilité de traverser l'ensemble des cœurs d'îlot à travers des venelles et passages sous porche. A quelques pas du secteur piétonnier du centre-ville, ce parti-pris participe à la « couture » entre le projet urbain et son environnement.

Performance énergétique : 155 kWh/m²/an

1

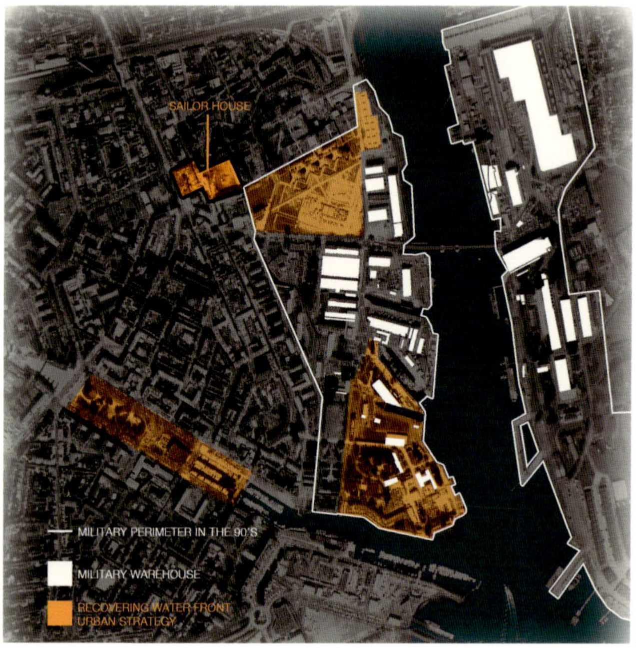

2

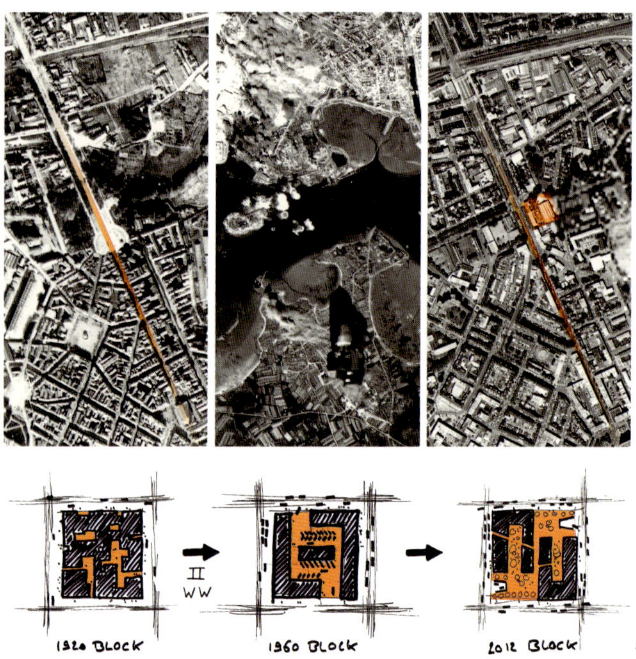

3

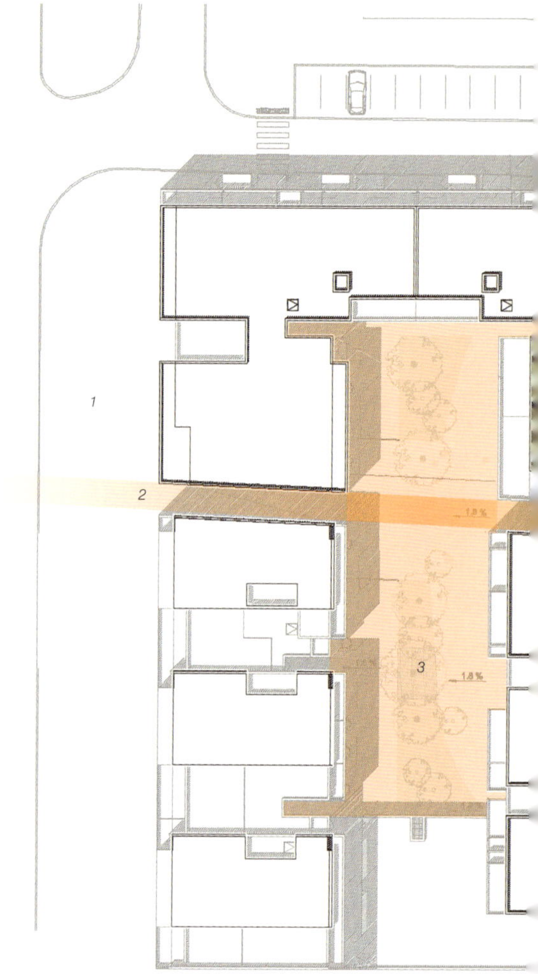

ÎLOT 1 COMPLÉTÉ : PLAN MASSE

CROQUIS D'INTENTIONS

1 site avant l'opération d'urbanisation
2 périmètre de réhabilitation de l'arsenal
3 l'évolution de l'urbanisme depuis un siècle

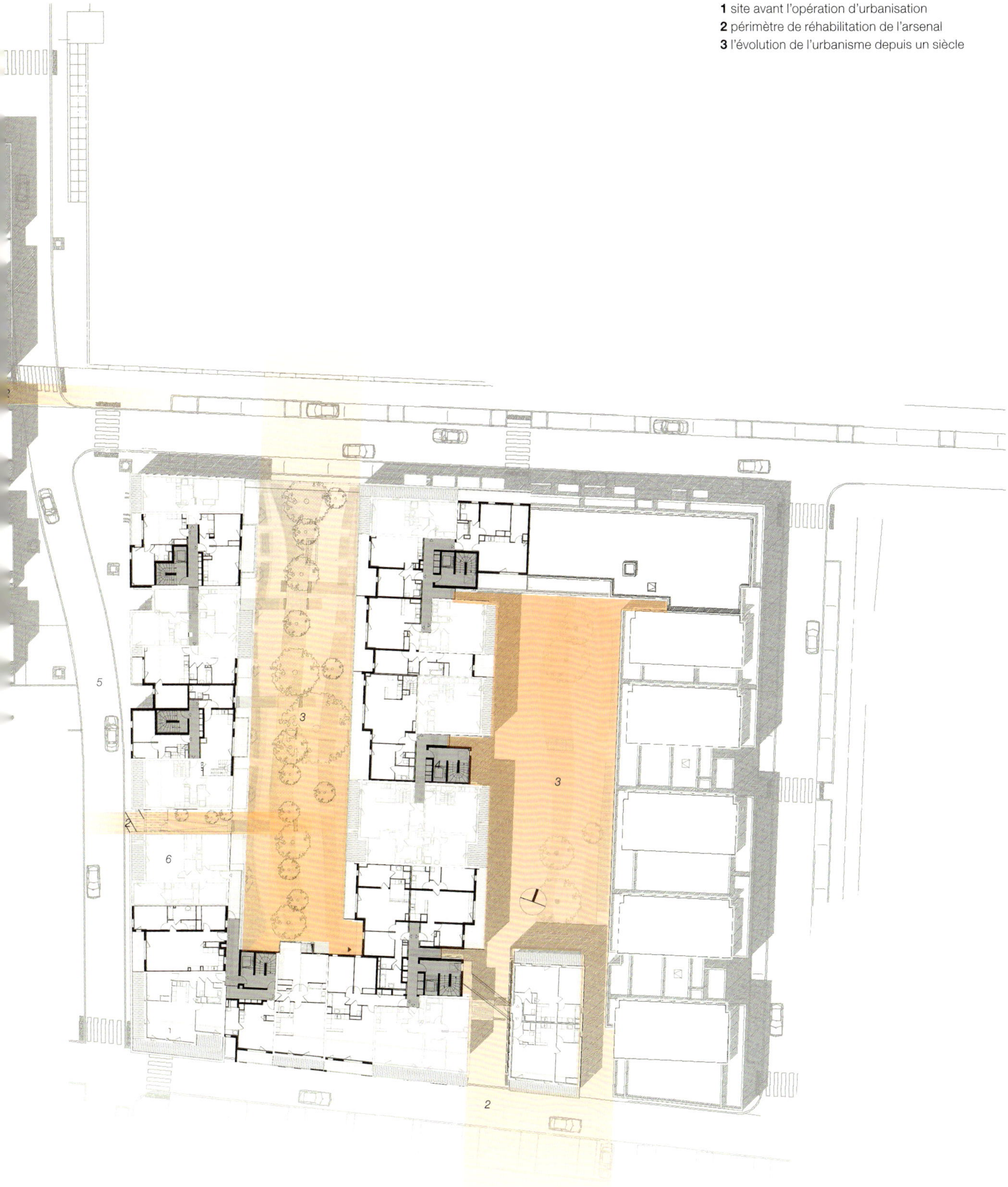

1 – MAGASIN ET BUREAUX DONNANT SUR LA RUE
2 – BRÈCHE DANS LA FAÇADE URBAINE
3 – JARDIN INTÉRIEUR
4 – NOYAU DE CIRCULATION
5 – RUE CRÉÉE
6 – APPARTEMENTS DU PREMIER AU SIXIÈME ÉTAGE

ÎLOT 2 EN COURS : EXTRAITS DU PLAN DU PREMIER ÉTAGE

1 chantier
2 rendu de concours
3 façade sud-est depuis le carrefour

1

2

1 — RAIL DE FIXATION COULÉ DANS BÉTON
2 — PLAT CORTEN 160X10MM POUR ÉCOULEMENT DES EAUX
3 — PLAT CORTEN 100X10
4 — PLAT CORTEN POUR RIGIDITÉ CADRE CORTEN
5 — TÔLE CORTEN PLIÉE 2MM
6 — TÔLE CORTEN MICRO-PERFORÉE

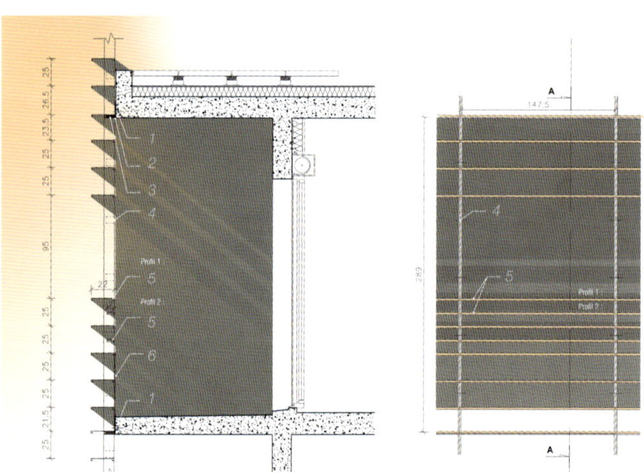

DÉTAIL D'UNE LOGGIA

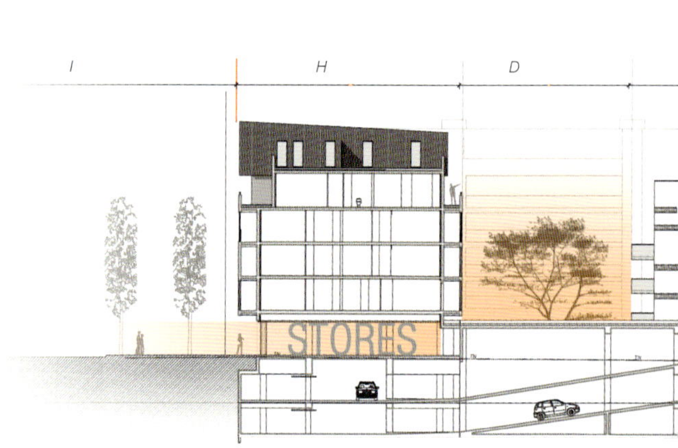

3

A — NOUVELLE RUE
B — IMMEUBLE E1
C — IMMEUBLE D
D — COEUR D'ILOT
E — IMMEUBLE C
F — PLACE URBAINE
G — IMMEUBLE B
H — IMMEUBLE A
I — COUR DE CHAZELLES

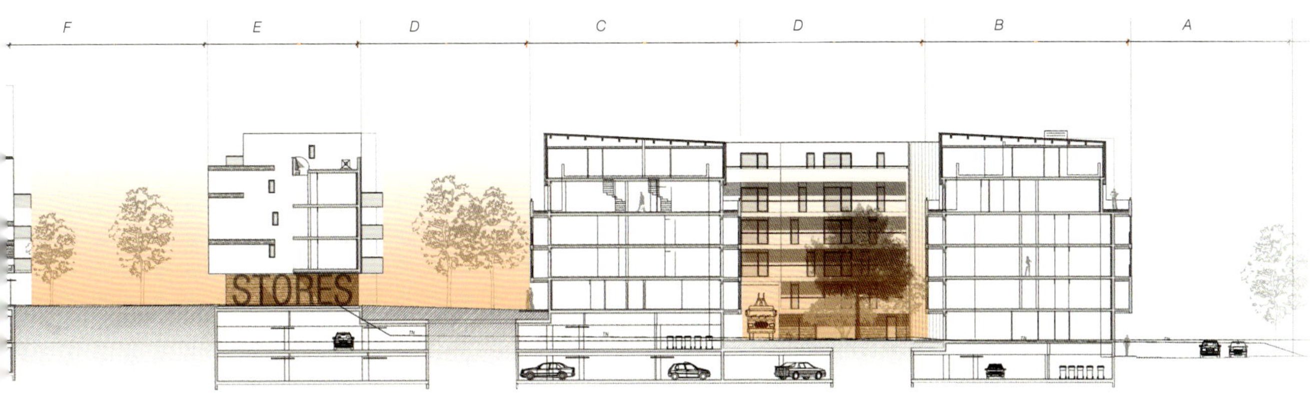

COUPE GÉNÉRALE

1

2

1,3 angle nord-est depuis le quartier

2 côté jardin : la cage d'escalier comme point de rotation entre les deux ailes du bâtiment

3

1

2

3

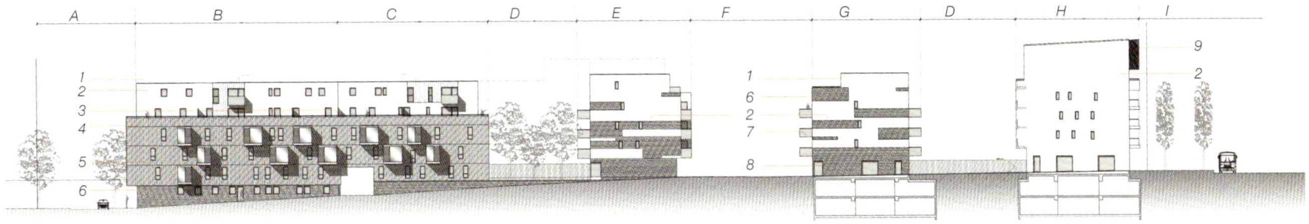

ÉLÉVATION NORD-OUEST

A — NOUVELLE RUE
B — IMMEUBLE E1
C — IMMEUBLE D
D — COEUR D'ILOT
E — IMMEUBLE C
F — PLACE URBAINE
G — IMMEUBLE B
H — IMMEUBLE A
I — COURS DE CHAZELLES

1 — REVÊTEMENT MÉTAL BLANC LAQUÉ
2 — FINITION BÉTON PEINT BLANC
3 — JOINT DE DILATATION
4 — BARDAGE BOIS
5 — JOINT CREUX
6 — BÉTON LASURÉ
7 — GARDE CORPS VITRÉ
8 — VITRAGE OPAQUE
9 — REVÊTEMENT MÉTAL

4

1 répartition aléatoire des panneaux de corten
2 détail de matière
3 friction urbaine

1

2

3

1,2,3 à l'intérieur de l'îlot, une ambiance calme à l'écart de l'agitation de la rue

1

1 à travers le jardin intérieur

2 faille urbaine

page suivante façade nord-ouest. arrêtes et reflets en saillie rythment la séquence urbaine

A — NOUVELLE RUE
B — IMMEUBLE E1
C — IMMEUBLE D
D — COEUR D'ILOT
E — IMMEUBLE C
F — PLACE URBAINE
G — IMMEUBLE B
H — IMMEUBLE A
I — COURS DE CHAZELLES

1 — COUVERTINE EN MÉTAL LAQUÉ BLANC
2 — GARDE CORPS EN VERRE
3 — BARDAGE MÉTALLIQUE
4 — VOLET MÉTALLIQUE EN TÔLE ONDULÉE PERFORÉE

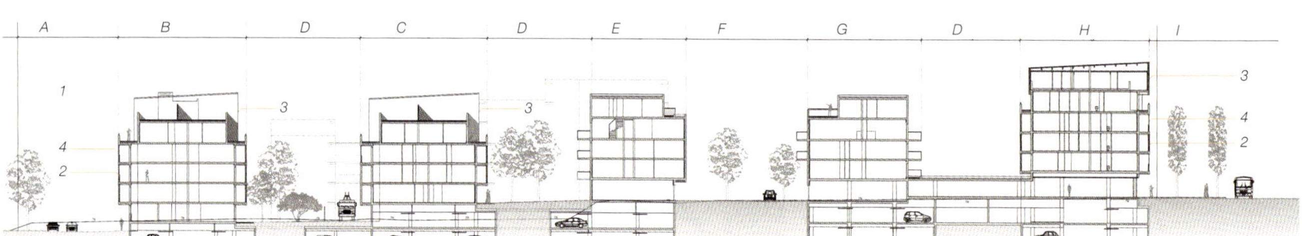

COUPE LONGITUDINALE

2

l'anti-esthétique* de l'atelier arcau

par rodolphe el-khoury

** « Je ne comprends pas « l'anti-esthétisme » comme un renoncement à l'esthétique mais plutôt comme un refus de considérer que la recherche esthétique devrait être le fil d'Ariane dans le labyrinthe de l'investigation architecturale. Ce que le langage commun peut exprimer par le souci de « faire beau ». Le renoncement au désir de singulariser l'œuvre architecturale par sa joliesse, m'a semblé un beau compliment sous la plume de l'auteur. Si l'ambition de l'art est de créer de la beauté, le beau comme thème majeur de recherche est une impasse. C'est celle qui conduit notamment à l'académisme ou à l'insignifiance. »*

Alan Lee Roy, juin 2013

Steel Band, un ensemble de bureaux à la périphérie de Vannes, abrite l'atelier arcau. L'atelier d'architecture, qui partage les locaux avec d'autres entreprises, a conçu l'édifice tel une carte de visite. Les bâtiments traduisent la philosophie de l'atelier : sensibilité au contexte, intégration dans le paysage et développement durable. Leur architecture incarne une sensibilité qui émerge, paradoxalement, d'une indépendance vis à vis des questions de forme et de « style ».

Atelier Arcau trouve sa voix propre en empoignant les faits bruts de l'architecture : matériaux, structure et organisation. Tout dans cet édifice témoigne de la réalité sobre de la fonctionnalité d'un immeuble tertiaire et de son mode constructif à ossature acier / béton armé ; en lieu et place d'un produit élégamment emballé, le design permet ici une clarté conceptuelle et matérielle audacieuse.

Les façades de l'aile la plus haute, devenues désormais l'étendard de l'atelier Arcau, parviennent à marquer les esprits par l'expression manifeste de l'empilement des étages issus des exigences banales inhérentes à toute construction tertiaire. Par un jeu de répétition de lames verticales, complété de glissements horizontaux d'un niveau sur l'autre, chaque étage est clairement identifié. Cet effet de placage est accru par l'enceinte climatique conçue en lignes de fuite, une surface de verre en retrait s'effaçant largement en deçà des bords de la structure métallique pour exposer les étages empilés. Un brise-soleil fait de panneaux métalliques perforés de forme trapézoïdale s'enfonce dans les plaques d'acier horizontales et renforce l'expression brutale des matériaux. Les panneaux sont distribués de façon aléatoire et re-distribués avec une grande liberté de composition qui met en évidence la primauté de la surface horizontale, la logique de placage exacerbant l'horizontalité de chaque étage. La couleur orange ajoute une touche d'espièglerie sans pour autant amoindrir le caractère rude et spécifique du métal.

L'intérieur manifeste la même décontraction par rapport à l'alignement et à la composition. Au plafond, les éclairages sont composés à l'oblique selon un rythme aléatoire tandis que le mobilier et les cloisons suivent un agencement simple et orthogonal. La volumétrie intérieure reste la même à l'exception d'un hall d'entrée aux proportions généreuses. Le résultat est plus contextuel que symbolique. Il traduit le processus de placage, exprimant d'avantage la logique du bâtiment plutôt qu'une volonté de maîtriser l'espace.

Steel Band reflète une certaine forme de détachement de l'atelier Arcau pour les ornements, associés au Design avec un D majuscule, préférant livrer directement des architectures dépouillées autant que soignées ; des lieux jouissants d'un éclairage naturel généreux, et des espaces en hauteur, de formes parallélépipédiques, offrant une entière flexibilité pour agencer les objets mobiliers du quotidien. Nous sommes donc ici très éloignés de l'avant-garde et de ses préoccupations de forme et de style sophistiquées et très colorées désormais permises par le modelage paramétrique et la fabrication CNC. L'architecture se situe entre l'engagement minimaliste et le raffinement détaillé. Il n'y a ici aucun effort superflu pour adoucir la réalité brute de la construction et sa manifestation parfois désordonnée, en apparence. En fait, l'atelier Arcau capitalise sur ce désordre : l'écran de Steel Band donne l'impression qu'il est fait de débris de métal récupérés pour jouir d'une deuxième vie et c'est précisément de là que provient sa force.

La façade modelée sur un rythme aléatoire est un artifice récurrent dans le travail de l'atelier Arcau. En témoignent l'irrégularité de l'espacement des lamelles de bois qui procurent de l'ombre à l'édifice linéaire abritant un centre de formation professionnelle à Quimper, et encore, parmi plusieurs autres exemples, l'habillage de Salorge, le siège bioclimatique de la Communauté de Communes de Pornic. De temps en temps, cette irrégularité est une conséquence directe de l'agencement variable des pièces, l'expression pragmatique d'un programme complexe derrière une

/ rodolphe el-khoury a une chaire de recherche en architecture et urbanisme à l'Université de Toronto et il est l'un des associés dans l'agence de design Khoury Levit Fong. Il est l'auteur de nombreux livres acclamés par la critique dont les thèmes sont l'histoire et la théorie de l'architecture. C'est également un contributeur régulier à plusieurs publications professionnelles et universitaires. Parmi ses écrits on trouvera "Architecture monolithique", "Architecture dans la mode" et ""Façonner la ville". On trouve également des études au travers de l'histoire telles que "Design théorique et urbain", "Voir au travers de Ledoux" et "Architecture, théâtre et la poursuite de la transparence". Il a reçu de nombreuses récompenses et distinctions internationales pour son travail de Design à l'Office dA, ReK Productions et actuellement à KLF. El Khoury s'intéresse tout particulièrement aux applications architecturales pour la technologie avancée de l'information visant à développer des solutions au développement durable dans l'environnement bâti.

enveloppe irrégulière ; souvent, c'est une alternative à une composition volontaire. A l'évidence ces exemples trouvent leur inspiration chez Le Corbusier au monastère de La Tourette dont les fenêtres à meneaux furent suggérées par les rythmes musicaux. Mais tandis que le modèle de Yannis Xenakis vise à représenter une idée rythmique, l'aspect aléatoire des créations de l'atelier Arcau répertorie la réalité complexe de la matérialité, de la programmation et de l'utilisation d'un édifice.

L'étreinte affective de cette réalité est le cœur même du projet architectural de l'atelier Arcau. Nul doute que Steel Band tire profit de longues années d'expertise en matière de projets techniques et d'infrastructures. Des exemples tels que l'UVED, une usine de valorisation énergétique à Brest, et Architectural Digest, un centre de traitement des déchets à Ploufragan, font partie d'une collection impressionnante de constructions développées à partir de budgets parcimonieux dont émane, à travers une radicale efficacité, une poésie laconique.

Sentinelles ferroviaires est un autre exemple où l'atelier Arcau transfigure la banalité des artefacts industriels en restant à l'écoute de la puissance brute de l'infrastructure. Par le renoncement à une élaboration formelle en faveur d'une répétition implacable et d'une linéarité exacerbée, le bâtiment, un volume simple et linéaire habillé d'acier Corten, traduit et érige la logique du chemin de fer en un monument utilitaire.

Le plan linéaire, peut-être le motif le plus persistant dans l'œuvre de l'atelier Arcau, suggère une extrusion industrielle. A l'instar du modèle aléatoire principal sur la façade, l'assemblage linéaire répertorie une distribution anti-conceptuelle : un processus de planification issu de l'agrégation séquentielle des éléments. La logique linéaire d'éléments rassemblés s'étend même aux bâtiments publics, dont l'utilité fournit à peine un alibi au pragmatisme. L'exemple de la Mairie d'Ambon montre que l'organisation linéaire et la répétition en série sont thématisés jusqu'à un point qui dépasse le pragmatisme pour toucher à la rhétorique.

Le pragmatisme prosaïque met en évidence une sensibilité vernaculaire. Et la forme récurrente du « rectangle basique », chère à l'atelier Arcau, ressemble indéniablement dans sa disposition, ses proportions et ses dimensions au style des granges locales. L'architecture de l'atelier Arcau s'aligne volontairement sur les traditions des bâtiments locaux. Ainsi, Salorge, un de leurs ouvrages les plus renommés, puise en réalité littéralement ses références dans un style de construction régionale consacrée à l'entreposage du sel. Une fois encore, invariablement et typiquement, l'atelier Arcau parvient à cet alignement en travaillant une certaine philosophie vernaculaire plutôt qu'en cherchant à en adapter la forme.

L'attention portée au contexte est sans aucun doute un trait caractéristique de l'atelier Arcau. La traduction contemporaine de Salorge, l'édifice éponyme qui a inspiré des formules telles que "régionalisme critique" est peut-être pour l'atelier l'un de ses investissements les plus explicites dans la tradition de la construction en Bretagne, ces structures souvent sur pilotis, flottant déracinées au-dessus du paysage. Elles sont des artefacts abstraits qui incarnent une "mentalité" régionale, plus qu'une tradition architecturale. Il y a un petit quelque chose d'indubitablement breton en elles, mais ce même "je ne sais quoi" est ce qui les lie, paradoxalement, au projet universel de la modernité.

Le caractère régional de l'atelier Arcau n'est pas une esthétique cultivée : ce n'est ni un héritage culturel affirmé ni un acte de résistance délibéré contre l'érosion entamée par les courants mondiaux. L'architecture de l'atelier Arcau tient une place particulière, parce que les bâtiments tels que Steel Band, Architectural Digest, et Railway Sentinel sont les expressions brutes et directes, anti-esthétiques, des lieux, des situations et des ressources matérielles qui leur donnent vie à Vannes, Ploufragan et Nantes.

annexes

l'atelier arcau

Baptisée à l'origine A.R.C.A.U, l'Agence de Recherche Contemporaine en Architecture et Urbanisme, est fondée à Vannes en 1979 par Yvon Cornichet (1946), rejoint deux années plus tard par Xavier Fraud (1955). Les deux architectes sont diplômés de l'Ecole d'architecture de Bretagne. La reconnaissance progressive de l'agence permet de conquérir, sur des territoires élargis, des projets de plus en plus complexes : équipements publics, enseignement, établissements sanitaires, salles de sports et espaces culturels, logements. Le concours du Centre Hospitalier de Bretagne Atlantique à Vannes (remporté en 1995), la construction du foyer « les Papillons Blancs » à Saint Malo (1997), et la restructuration de l'Ecole Nationale d'Equitation de Saumur (2002) marquent des étapes importantes. A partir de 2000, accompagnant le retrait progressif d'Yvon Cornichet, une introspection architecturale est amorcée et de nouveaux axes de conception sont définis. Cette évolution s'illustre, notamment, par une réflexion sur l'habitat groupé, qui permet à Xavier Fraud de remporter le Prix National Grand Public d'architecture en 2004 pour le quartier du « Clos du Château » à Vannes.

En 2005, deux collaborateurs historiques qui assurent le suivi de l'exécution des travaux et le management environnemental des projets, Jean-Pierre Thomas (1963) et Marc Monnier (1960), deviennent associés. Simultanément, Julien Veyron (1976), diplômé de l'Ecole d'Architecture de Paris-la-Villette, après avoir étudié deux ans en Espagne (ETSAM-Madrid) et au Brésil (PUC-Campinas), rejoint Xavier Fraud aux commandes de l'agence. Ayant suivi un cursus particulièrement orienté sur la ville et ses ramifications, Julien Veyron participe dès lors à l'élargissement des domaines d'intervention de l'atelier, en particulier en urbanisme. Partageant une vision commune de l'entreprise, ils misent ensemble sur la pérennité de l'atelier et le professionnalisme de l'équipe et A.R.C.A.U devient alors l'atelier Arcau.

La cadence de participation aux concours publics s'accélère et l'équipe se renforce, passant en quelques mois de 15 à 30 personnes. Avec le renouvellement urbain de l'îlot « foyer du Marin » à Lorient, la requalification du « Quartier Nord de la Gare » à Vannes ou la restructuration du C.F.A. de Quimper, remportés en 2006, l'atelier conquiert des projets mixtes d'une nouvelle envergure et renforce son expertise dans les réalisations complexes (restructuration de bâtiments anciens, intervention en sites occupés). L'atelier arcau explore avec le même soin et la même rigueur des projets d'urbanisme, d'architecture et de paysage. En 2011, l'équipe déménage et s'installe dans son nouvel atelier au cœur de l'immeuble Steel Band qu'elle a conçu. Quelques mois plus tard, en 2012, l'atelier Arcau est lauréat du World Architecture Festival (WAF) à Singapour avec Salorge, le siège bioclimatique de la Communauté de Communes de Pornic. En 2013, l'atelier devient membre de l'AFEX, l'Association des Architectes Français à l'Export, et Xavier Fraud est invité à siéger à l'Académie d'Architecture, deux ans après avoir été élu président de la MAEB (Maison d'architecture et des Espaces en Bretagne).

Aujourd'hui toujours installé au bord du Golfe du Morbihan, l'atelier Arcau puise dans son attachement à la Bretagne une partie des forces de sa liberté créatrice. Ses deux architectes dirigeants, Fraud et Veyron, partagent une vision exigeante de ce métier. L'urbanisme, l'architecture et le paysage sont, pour eux, trois disciplines indissociables. Pour deux réalisations différentes : l'atelier Arcau a été — la même année (2012) — lauréat du Prix Architecture Bretagne, du Prix AMO (architectes et maîtres d'ouvrage) et du WAF. Local et global. Une grande satisfaction pour toute l'équipe.

Friches reconverties, extensions urbaines, dents creuses en centre historique... l'atelier Arcau a déjà expérimenté un large panel de contextes d'insertion. Il a conforté les associés dirigeants dans cette conviction que, malgré les contraintes objectives (réglementaires, constructives, économiques), et la complexité des problématiques associées à la réalisation de nouveaux projets, il leur appartient, de proposer des solutions spécifiques et en parfaite adéquation avec le contexte et le climat local. C'est de la contrainte que naît la liberté et l'innovation qui en constitue la prime. Cette approche, qu'ils font partager à leurs Maîtres d'ouvrage, participe de la dynamique de projet. À cet effet, l'atelier Arcau re-questionne les formes urbaines et architecturales, tant dans leur modelé que dans leur flexibilité (mixité logement / activités / commerces...). Il recherche des solutions alternatives, à même de fournir les bases solides d'une appropriation des lieux par les résidents et usagers.

Il existe bel et bien une valeur ajoutée de la combinaison appropriée de la passion, de l'expérience et de la rigueur. C'est la conviction qui unit Fraud et Veyron à la direction de l'atelier. Ils ont frotté leur engagement aux questionnements du voyage et de la découverte. Une culture ouverte et partagée avec toute l'équipe par des séjours d'étude en France comme à l'étranger. Brassage, empoignades, discussions et approfondissement... Ils ont réuni autour d'eux une équipe d'une trentaine de personnes enthousiastes (dont une quinzaine d'architectes et urbanistes) qui, à chaque étape où s'élabore la qualité du projet, ont à cœur d'en "offrir davantage". L'attachement de l'atelier Arcau à son berceau breton et maritime, s'inscrit dans une volonté d'exploration et de création d'un langage architectural universel. Celui-là même qui s'invente au grand large des idées neuves.

prix

2004
Prix National Grand Public ministère de la culture, lauréat catégorie logement collectif : « le clos du château » à Vannes

2006
Prix Architecture Bretagne, lauréat prix spécial des partenaires : « maison Wolff » à Vannes

2006
Hermines de la ville de Vannes, lauréat catégorie bâtiments publics : « tribunal de grande instance »

2008
Prix de la 1ere œuvre AMC, sélection du jury pour l'usine des Châtelets à Ploufragan

2008
Hermines de la ville de Vannes, lauréat catégorie bureaux : l' « adieph »

2010
Hermines de la ville de Vannes, lauréat catégorie bâtiments d'activités : « restaurants d'Atlanville » ; bâtiments publics : « centre de gestion de la fonction publique territoriale du morbihan »

2010
Grand prix régional des Pyramides d'argent, lauréat du jury prix bleu ciel (EDF) : résidence « quai rive droite » Icade Capri à Vannes

2012
Hermines de la ville de Vannes, lauréat bâtiments d'activités : « immeuble Steel Band »

2012
Prix Architecture Bretagne, lauréat catégorie apprendre et se divertir : « centre de formation des apprentis de Quimper »

2012
World Architecture Festival, lauréat catégorie civic and community : « salorge »,siège de la Communauté de Communes de Pornic

2012
Prix CAUE des maisons du Morbihan, 2ème prix, catégorie des maisons de plus de 150m^2 : « allée de limoges »

2012
Prix National AMO lieux de travail, architecture et environnement, lauréat du prix GrDF avec « salorge »

publications

2006
« Le Moniteur AMC » – N°157 Janvier 2006 « Les 100 bâtiments de l'année » Extension du Palais de Justice – Vannes

2007
« Côté Ouest » – n°72 oct-nov 2007 – Le Clos du Gusquel – Plescop

2007
« Paris Match » – juillet 2007 – Le Clos du Gusquel – Plescop

2007
« Le Moniteur » – n° 5402 Juin 2007 – Le Foyer du Marin – Lorient

2008
« Le Moniteur AMC » « Les 100 bâtiments de l'année » Usine et Siège Social – Ploufragan

2009
« Architecture Bois & dépendance » – HS n° 9 mai – Le Clos du Gusquel - Plescop

2010
« Maison Magazine » – HS Printemps 2010 – Maison Fusil - Brech

2012
« Dezeen » 07/10/2012 – Salorge – Pornic

2012
« Le Courrier de L'architecte » 28/11/2012 – Steelband – Vannes

2013
« Archdailly » 17/02/2013 – Steelband – Vannes & Salorge – Pornic

2013
« AMC » Prix AMO 2012 – Salorge – Pornic

2013
« Côté Ouest » – n°106 juin-juillet 2013 – Derrière La Palissade – Baden

2013
« Jt TArt china » – Steelband – Vannes

2013
« Architectures Optimistes » Sélection annuelle de French Touch - France 2012 - Salorge - Pornic

crédits

CRÉDITS PROJETS

01 STEEL BAND : Vannes, Morbihan, 2012 // Maîtres d'ouvrage : Sci Blak & Sci Hsf // Architectes : atelier arcau / Auteurs : Xavier Fraud & Julien Veyron, Pierre Couic // Architecte paysagiste : Madalena Beloti // Partenaires clefs : Cdlp + Etsb + Polenn + Angevin + Bahuon + Eiffage + Leroux charpente + Atelier David + Miroiteries de l'ouest + Alu rennais + Menuiseries Rouxel + William Bonnet

02 SENTINELLES FERROVIAIRES : Nantes, Loire Atlantique, 2013 // Maître d'ouvrage : Nantes Métropole // Architectes : atelier arcau / Auteurs : Xavier Fraud, Julien Veyron & Pierre Couic avec Mathilde Noblet // Partenaires clefs : Girus + Inddigo + Boisseau + Leroux charpente

03 MAISON BELOTI : Arradon, Morbihan, 2013 // Maître d'ouvrage : Privé / Architectes : atelier arcau / Auteur : Julien Veyron avec Pierre Couic & Christina Panayotopoulos / Architecte paysagiste : Madalena Beloti / Ingénieur structure : Etsb / Partenaires clefs : Dos Santos + Serrufer + Alu rennais + Le teuff électricité + Rolland TP + Menuiseries Rouxel

04 FACE À LA LOIRE : Nantes, Loire Atlantique, concours 2012 // Maîtres d'ouvrage : Ocdl Giboire & Nantes habitat // Architectes : atelier arcau / Auteurs : Xavier Fraud & Julien Veyron avec Germain Pasgrimaud

05 À QUAI : Ambon, Morbihan, 2013 // Maître d'ouvrage : Mairie d'Ambon // Architectes et urbanistes : atelier arcau / Auteurs : Xavier Fraud, Julien Veyron & Marc Monnier avec Clément Alexandre // Architecte paysagiste : Madalena Beloti // Partenaires clefs : Polenn + Etsb + Serdb + Alu rennais + Rolland charpente

06 LE PRIX DU TEMPS : Vannes, Morbihan, 2012 // Maître d'ouvrage : Ministère de la Justice // Architectes : atelier arcau / Auteurs : Xavier Fraud & Julien Veyron avec Emmanuelle Beun, Andréa Czentorycky et Jean-Pierre Thomas // Partenaires : Cdlp + Sofresid ouest + Serdb + Aluminium de Bretagne + OMS production + Atelier David + Moreau agencement

07 DANS LA CLAIRIÈRE : Arradon, Morbihan // Maître d'ouvrage : Nexity // Architectes : atelier arcau / Auteurs : Xavier Fraud & Julien Veyron avec Stéphanie Fievé // Partenaires clefs : I2C + Serc + Bergeret + William Bonnet + Spro

08 STAND UP : Lannion, Côtes d'Armor, 2012 // Maître d'ouvrage : Lannion Tregor Agglomeration // Architectes : atelier arcau / Auteurs : Xavier Fraud & Julien Veyron avec Pierre Couic et Sylvain Bordron / Partenaires clefs : Cdlp + Egis bâtiments + Le Couillard + Bihannic + Raub

09 SUR LA CRÊTE : Quimper, Finistère, 2011 // Maître d'ouvrage : Cfa de Quimper // Architectes : atelier arcau / Auteurs : Xavier Fraud, Marc Monnier & Julien Veyron avec Stéphanie Fiévé // Architecte paysagiste : Madalena Beloti // Partenaires clefs : Bernard Menguy + Cdlp + Betom + Cap Terre + Guiban + Joncour + Seo + Renoir

10 SALORGE : Pornic, Loire Atlantique, 2012 // Maître d'ouvrage : Communautés de Communes de Pornic // Architectes : atelier arcau / Auteurs : Xavier Fraud & Julien Veyron avec Stéphanie Fiévé et Marc Monnier // Architecte paysagiste : Madalena Beloti // Partenaires clefs : Gaudin Ingénierie + Cdlp + Ibse + Serdb + Pedeau + ateliers David + Secomalu + Joly charpente

11 BASTION URBAIN : Lorient, Morbihan, 2011 // Maître d'ouvrage : Nexity // Architectes : atelier arcau / Auteurs : Xavier Fraud & Julien Veyron avec Denis Le Rol

12 MATRICE PAYSAGÈRE : Saint-Barthélémy d'Anjou, Maine et Loire, 2011 // Maître d'ouvrage : Angers Loire Métropole // Architectes : atelier arcau / Auteurs : Xavier Fraud & Julien Veyron avec Gwendal Le Port et Anne Laumonnier // Partenaires clefs : Egis bâtiments + Etpo + Axima Seitha + Lumi-ouest

13 6 DÉS DANS LA PENTE : Douarnenez, Finistère, 2011 // Maître d'ouvrage : Douarnenez Habitat // Architectes : atelier arcau / Auteurs : Xavier Fraud & Julien Veyron avec Emmanuelle Beun, Pierre Couic et Sylvain Bordron // Partenaires clefs : Bernard Menguy + Cdlp + atelier ville et paysage + D2l Betali + Sio + Serdb + Joncour + Seo + Art de l'alu

14 TERRAQUÉ : Carnac, Morbihan, 2010 // Maître d'ouvrage : Mairie de Carnac // Architectes : atelier arcau / Auteurs : Xavier Fraud & Julien Veyron avec Gwendal Le Port // Partenaires clefs : Bernard Menguy + Cdlp + Xns + Sio + Serdb + Serc + Rolland charpente + Jego + Daeron + Aluminium de bretagne + Cmbs + Velux + Brm mobilier

15 RENDEZ-VOUS : Vannes, Morbihan, 2009 // Maître d'ouvrage : S.C.I. GIVANE // Architectes : atelier arcau / Auteurs : Xavier Fraud & Julien Veyron avec Pierre Couic // Architecte paysagiste : Madalena Beloti // Partenaires clefs : Etsb + D2l Betali + Garaud + Stpm + Ic bois +Leroux + Daeron + Lumi-ouest

16 RHYTHMS & BLUES : Maître d'ouvrage : Vannes Golfe Habitat // Architectes : atelier arcau / Auteurs : Xavier Fraud & Julien Veyron // Partenaires clefs : Lfm économie + Become + Bsb + Realu + Spro + Cmbs + Soprema

17 ARCHITECTURAL DIGEST : Maître d'ouvrage : SMICTOM des Châtelets // Architectes : atelier arcau // Auteur : Julien Veyron avec Olivier Martin // Partenaires clefs : Poyry Energy + Lfm + Sofresid Enginneering + Angevin + Smb + Quemard

18 LE FOYER DU MARIN : Lorient, Morbihan, 2012-2015 // Maîtres d'ouvrage : Aiguillon – Polimmo // Architectes : atelier arcau / Auteurs : Xavier Fraud & Julien Veyron, avec Gwendal Le Port, Clément Alexandre, Déborah Le Port / Partenaires clefs : Atelier Villes et Paysage + Infraservices + Ibse + Become + Cdlp + Srb construction + Le Teuff électricité + Seo étanchéité + Spro + Métallerie de Kerpont

CRÉDITS PHOTOGRAPHIQUES

© Alti Breizh: pages 128, 136 //
© atelier arcau: pages 7[2], 8[3], 12[12], 14[17], 15[18], 26[1,2,4], 32[1], 36[2,3], 37, 38[2], 39, 40, 41, 42[2], 48, 49, 50, 51, 52[1,2],53[3,4], 54[1], 55[2,3], 58, 59, 61[3,4], 63[2,3,4,5,6,7], 66, 102, 103[3], 109[2], 110[2], 111, 112, 120, 121[4], 130, 132[1], 134[1], 138, 139, 140[1], 142, 148[1], 152, 153, 157[3], 160[2,3], 161, 163[4], 170[6], 182[1,2,3,4,5], 183, 184[2,3], 190, 191[2,4], 210[1,2], 224[2], 226[1,2,3], 228[1], 232 to 244 (all), 248 to 258 (all), 260 to 272 (all), 280[2,3], 294[1], 295, 317 //
© Stéphane Chalmeau : pages 11[10,11], 169[4], 170[7], 274 to 286 (all), 318 //
© Dreamstime : pages 172[9] ,182, 196, 198 //
© Fotolia: pages 10[8], 171[8], 172[10], 173[12] //
© Nicolas Genette: pages 6 //
© Philippe Gisselbrecht : pages 9[5] //
© Kreaction : pages 42[1] // © Hervé Le Reste : cover and pages 2, 3, 8[4], 9[6], 10[7], 11[9], 13[14,15], 14[16], 16, 20 to 23, 26[3], 27[5], 28, 30, 33[3], 34, 36[1], 38[1], 43, 44, 57, 62, 63[8], 65, 67 to 73 (all), 82 to 89, 90[1], 91 to 99, 103[2], 104 to 108, 109[3,4,5], 110[1], 114, 116, 121[3], 122, 123, 124, 126, 132[2], 133, 134[2], 135, 136, 140[2], 141[3,4], 144, 148[2], 150, 154, 156, 157[2], 158, 160[1], 162, 163[2,3],164, 168[3], 172[11], 173[14], 176, 178, 184[1], 185, 186, 187, 188, 191[3], 192, 204 to 218 (all), 220, 222, 224[1], 226[4], 227, 228[1],229, 231, 246, 252[4], 288 to 305 (all), 308 //
© Lucie Sassiat : pages 310, 311 + back cover

CRÉDITS DOCUMENTS GRAPHIQUES :

© atelier arcau

CRÉDITS TEXTES

© atelier arcau : pages 310, 311 //
© Fréderic Paul : pages 6 to 15 (all), 23, 49, 67, 81, 91, 99, 117, 129, 147, 166 to 175 (all), 179, 197, 207, 223, 235, 249, 263, 277, 291 //
© Rodolph El-Khoury : pages 306, 307

remerciements

Nous remercions toute notre équipe : Emmanuelle Beun, Matthieu Blin, Fabien Burette, Pierre Couic, Pauline De Quengo De Tonquedec, Claudine Ernoux, Luc Houdet, Anne Laumonnier, Elodie Lassalle, Audrey Le Martelot, Denis Le Rol, Sandrine Le Tallec, Jack-Yves Marion, Marc Monnier, Christina Panayotopoulos, Charles Raffray, Alexandre Salaud, Jean-Pierre Thomas, Charlotte Tournaire

Les anciens collaborateurs de l'atelier et particulièrement : Clément Alexandre, Sylvie Benoit, Andréa Blanchard, Sylvain Bordron, Xavier Brunet, Marvio Da Rosa Freire, Nicolas Dessauvages, Richard Faure, Stéphanie Fiévé, Frederico Ghellere, Romain Gillet, Claudio Gonzales Sullivan, Gaëtanne Guillemot, Goulhen Jagot, Déborah Le Port, Gwendal Le Port, Anita Levayer, Olivier Martin, Mathieu Monteiro, Mathilde Noblet, Germain Pasgrimaud, Lucie Rio

Les clients qui nous font régulièrement confiance : Aiguillon, Angers Loire metropole, Archipel habitat, Brest metropole océane, Groupe Arc, Bretagne sud habitat, la Région Bretagne, Chambre des métiers du Finistère, Cap Lorient, Communauté de communes de Pornic, Douarnenez habitat, Eadm, Espacil, Amélie and Gérald Fusil, Christophe Fénéon, Groupe Giboire/ Ocdl, Groupe SNI, Habitat 35, Habitation familiale, Icade promotion, Kermarrec promotion, Kréaction, Lannion Trégor agglomération, Le bec immobilier, le Ministère Français de la justice, Nantes Habitat, Nexity, Nantes métropole, Polimmo, Rennes métropole, Sadiv, Solidarité patrimoine, Sela, Silene, Smictom des Châtelets, Spla d'Anjou, Sysem, Val de Loire, Vannes agglo, Vannes Golfe Habitat, Vendée expansion, Veolia, Xo conseils

et les villes de Lorient, Nantes, Rennes, St Nazaire, Vannes

et les communes d' Ambon, Carnac, Olonne-sur-Mer, Theix

Les professeurs d'architecture qui ont le mieux su nous transmettre la passion du métier et l'humilité : Jean-Claude Helaine-Dumont, Gérard Le Tertre, Vincen Cornu, Bruno Gaudin et les Ecoles Nationales Supérieures d'Architecture de Bretagne et de Paris-La Villette "

Les partenaires de l'atelier et particulièrement : Aluocéan du groupe Alu Rennais, Arcet, Armor économie, Art de l'Alu, Become, Madalena Beloti, William Bonnet, Cdlp, Cmbs, David Cras, Manuel Dos Santos, Egis bâtiment, entreprise Evain, Etsb, Forbo, Gaudin ingenierie, Gilles Gouronnec, Gpaa, Haroche-Groupe Legendre, I2C, Infraservices, IC Bois, Christian Jego, Joly charpente & Bmd bois, René Joncour, Kreaction, Philippe Lardin, Leroux charpente, Le Teuff électricité, Bernard Menguy, Miroiteries de l'ouest, Oms Production, Polenn, Process blue, Process digital, Marcel Rolland, Rolland TP, Rouxel Menuiserie, Serdb, Guillaume Sevin, Sofresid, Sogea, Serrufer, Spro et Unikalo, Srb, Stpm-Groupe sacer, Taktyk, Technal, Alain Veyron, Vm zinc, Xns, Xo conseil

et tous ceux qui ont contribué à la publication de cet ouvrage : Benedicte Blanchard, Rodolphe El-Khoury, Kristen Hervé, Leo Malinow, Audrey Le Martelot, Sandrine Le Tallec, Hervé Le Reste, Frédéric Paul, Oscar Riera Ojeda, Alejandra Roman, Nathalie Vitcoq **et plus particulièrement** Charles Raffray.

"La promenade architecturale s'apprécie à la mesure de l'enchantement de nos sens. Elle règle avec précision nos désirs de vide et de matière, d'espace et de confinement, de chaleur et de fraîcheur, de silence et d'effervescence, d'ombre et de lumière ..."

crédits du livre

Edité par Oscar Riera Ojeda
Direction créative par Leo Malinow
Conception graphique par Alejandra Román
Édition des exemplaires par Kit Maude

OSCAR RIERA OJEDA
PUBLISHERS

ISBN 978-988-12251-9-1
Imprimé en Chine par Artron

Oscar Riera Ojeda Publishers Limited
Unit 1A 20/F.,
Far East Consortium Bldg.,
121 Des Voeux Rd Central, Hong Kong.
T: +852-5311-1625

Production Offices I China
Suit 19, Shenyun Road,
Nanshan District, Shenzhen 518055
T:+86-182-0098-3774

www.oropublishers.com I www.oscarrieraojeda.com
oscar@oscarrieraojeda.com